墨香财经学术文库

人工智能技术支持的共享住宿发展及作用机理研究

Research on the Development and Mechanism of Shared Accommodation Supported by Artificial Intelligence Technology

衣博文 著

东北财经大学出版社
Dongbei University of Finance & Economics Press
大连

图书在版编目（CIP）数据

人工智能技术支持的共享住宿发展及作用机理研究 / 衣博文著. —大连 : 东北财经大学出版社，2025.1.—（墨香财经学术文库）. —ISBN 978-7-5654-5511-7

Ⅰ. F726.92-39

中国国家版本馆CIP数据核字第20253SL118号

东北财经大学出版社出版发行

大连市黑石礁尖山街217号　邮政编码　116025

网　　址：http://www.dufep.cn

读者信箱：dufep@dufe.edu.cn

大连永盛印业有限公司印刷

幅面尺寸：170mm×240mm　字数：148千字　印张：12.5　插页：1

2025年1月第1版　2025年1月第1次印刷

责任编辑：时　博　赵　楠　责任校对：贺　力

封面设计：原　皓　版式设计：原　皓

定价：68.00元

教学支持　售后服务　联系电话：（0411）84710309

如有印装质量问题，请联系营销部：（0411）84710711

本书获得国家自然科学基金项目（72302037）、辽宁省教育厅项目（JYTQN2023172）及东北财经大学优秀学术专著项目（ZZ202429）资助

前言

多元的共享住宿品牌被认为是对传统住宿商业模式的一种颠覆性创新，以Airbnb等为代表的共享住宿业平台的兴起对传统酒店业构成了巨大威胁。虽然与传统酒店相比，共享住宿在中国市场仍处于新兴发展阶段，但行业数据和学术研究都已发现共享住宿与传统酒店是住宿业的两大重要组成部分，并存在较强的竞争关系。因此，共享住宿业在中国住宿业市场的发展潜力巨大。挖掘共享住宿业的独特优势，尤其是在人工智能行业赋能的基础上，有针对性地制定发展策略，对共享住宿在住宿业中的发展均具有重要意义。已有研究表明，传统酒店业的优势在于标准化的设施、服务及安全的住宿环境；而共享住宿的独特优势在于目的地的本真体验及社交。社交情境的设立虽然在一定程度上占用了可以设计为房间的使用面积，但数据表明建立社交情境会大大增加酒店的总体收入，因此，社交情境的实现很大程度上升级了住宿业的消费。很多共享住宿凭借自身的独特优势，进一步扩大了社交情境的实现，设计了多样的公共空间，提升了公共空间的社交氛围，以吸引更多的消费者。已有研究发现了社交已成为消费者选择共享住宿的重要动机，共享住宿的公共空间为消费者与房东及消费者与其他游客的社交提供了条件，且公共空间舒适的社交氛围更能提升消费者的住宿体验。房东和消费者的社交是共享住宿中社交行为的典型代表，房东让消费者感受到真正的宾至如归，让消费者有了本真的体验。这种社交模式超越了传统商业模式中员工和顾客的关系，并证实了社交在共享经济系统下对消费者的吸引力。

随着互联网技术的发展及人们消费习惯的升级，多样化的平台和网站已成为消费者预订住宿的主要途径。数据表明，已有六成的消费者选择通过综合酒店预订平台预订酒店，有四成的消费者选择酒店官方线上预订渠道预订酒店。与传统酒店相比，共享住宿的预订更加依赖平台的呈现和推广，很多消费者的共享住宿预订行为都通过共享住宿平台实现。因此，共享住宿平台的体验是消费者对共享住宿产品的第一印象，对消费者消费决策有着重要影响。探讨共享住宿平台如何优化消费者的消费体验、共享住宿经营者如何通过视觉线索呈现有吸引力的住宿产品并突出共享住宿的独特优势，对共享住宿的发展具有保障性的重要意义。然而，虽然有少数研究提到过共享住宿平台呈现的信息对消费者消费决策的影响，但现有研究并未系统地探讨共享住宿产品呈现的各类线索对消费者决策的影响作用及影响的内在机理。大数据分析等人工智能技术的发展帮助人们更系统全面地分析多模态数据的作用，对共享住宿平台线上视觉线索呈现的科学化分析具有重要价值。全面综合分析共享住宿线上多模态的视觉线索对消费者心理和行为的影响，对共享住宿业的高质量发展具有理论和实践的双重意义。因此，本书基于有形性理论，将共享住宿平台产品呈现的视觉线索分为物理有形性线索和心理有形性线索，以系统地探讨共享住宿平台产品呈现中不同视觉线索对消费者决策的影响，且旨在解决如下研究问题：（1）共享住宿应关注哪些有形性线索的呈现？（2）建立物理有形性线索和心理有形性线索对消费者决策的影响模型，并探讨有形性线索呈现质量的影响差异。（3）探讨模型的内在机理。本书在第2章综述了共享经济、共享住宿、社交及消费决策的概念范畴及相关研究，并介绍了本书研究模型的理论基础，即有形性理论、社会交互理论、社会渗透理论及环境心理学理论等，建立了研究基础模型图。接着，本书通过三个实证研究——消费者共享住宿有形性线索的感知研究、物理有形性线索与心理有形性线索对消费者共享住宿决策的影响研究及有形性双线索驱动的消费者共享住宿决策模型的内在机理研究，探讨了共享住宿情境中的物理有形性线索与心理有形性线索的呈现方式，建立了物理有形性线索与心理有形性双线索驱动的综合消费者决策模型，在模型中探讨了物理有形性线索与心理有形性线索对消费者决策的影响，识别了模型中不同类型社交意愿及感知房东可信任的中介作用，并分析了消费者共享住宿经历对模型的调节作用。

本书核心的研究内容和相关研究结论如下：

第3章检验了基于文献综述确定的共享住宿环境、房东等因素的呈现作为共享住宿有形性线索的合理性，并初步分析了环境因素、房东因素及社交因素之间的相关关系，为建立共享住宿决策模型中加入环境相关变量、房东相关变量及社交相关变量提供了数据分析支持，也为后续共享住宿消费者决策模型的建立奠定了基础。

第4章基于共享住宿平台真实房源的数据，探讨了物理有形性线索与心理有形性线索对消费者决策的影响。为进一步细化有形性线索这一变量的影响，我们对物理有形性线索及心理有形性线索进行了进一步分类，并通过图片识别算法检验有形性线索的呈现。我们在本章中解决了两个研究问题，第一个是物理有形性线索及心理有形性线索的存在对消费决策的影响，第二个是物理有形性线索及心理有形性线索呈现的质量对消费决策的影响，并针对这两个研究问题进行了两个研究。本章探讨了共享住宿的消费环境的特殊性，即消费者社交意愿的重要作用，探讨了社交意愿在有形性线索与消费者决策关系中的影响作用。

第5章通过四个实验深入探讨了有形性线索对消费者决策的影响作用机理，验证了物理有形性线索及心理有形性线索驱动的消费者消费决策模型。本书将消费决策细化为消费者在共享住宿平台的预订意愿及支付钱数意愿，探讨有形性线索对消费者不同消费决策的影响差异；将消费者共享住宿的社交意愿细化为消费者与房东的社交意愿及消费者与其他游客的社交意愿，探讨不同类型社交意愿在决策模型中的中介作用。同时，本章挖掘了感知房东可信任在心理有形性线索及社交意愿间的中介作用，进一步分析了心理有形性线索与社交意愿的内在影响机制。最后，本章验证了物理有形性线索及心理有形性线索驱动的消费者消费决策综合模型，并探讨了消费者共享住宿的体验经历在模型中的调节作用。

第6章总结了本书的研究结论，为共享住宿运营商、共享住宿平台及其他共享消费平台提出管理建议，并在最后说明了研究的不足及未来研究的展望。

衣博文

2024年10月

目录

1

引言

1.1 研究背景

随着共享经济的快速发展，多元的P2P（person to person）品牌被普遍认为是对传统商业模式的颠覆性创新。就住宿业而言，以Airbnb等为代表的共享住宿业的兴起对传统酒店业构成了巨大威胁（Alrawadieh等，2020；Dogru等，2020）。《中国共享住宿发展报告2020》的数据显示，2018年我国共享住宿房源已经覆盖500多个城市，房源总量超过350万个；2019年，共享住宿行业已发展成为国内增速最快的共享经济产业之一，环比增长36%，共享住宿服务人次高达618万人，共享住宿的用户突破2亿人（杨帅等，2021）。研究表明，Airbnb每增加1%的房源会使传统酒店收入降低0.02%到0.05%左右（Zervas等，2017；Dogru等，2019）。随着Airbnb的市场渗透度越来越高，传统酒店业开始采取有针对性的竞争策略。研究表明，传统酒店行业对P2P住宿业也存在着翻转影响（Yi等，2021）。共享住宿与传统酒店已成为现有住宿业的两大重要组成部分，存在着较强的竞争关系。找到共享住宿业和传统酒店行业独特的优势，并有针对性地制定发展策略，对共享住宿与传统酒店行业的发展均具有重要意义。

已有研究表明，传统酒店业的优势在于标准化的设施、服务及安全的住宿环境；而共享住宿的独特优势在于目的地的本真体验与社交（Lin等，2019；Lyu等，2019）。事实上，传统酒店行业并非没有认识到社交对消费者的影响作用，业界已经在有意地设计社交情境以满足消费者的社交需求。比如，一些社交型传统酒店（如华住集团旗下CitiGO品牌）在公共区域及各种功能区内设计了派对和主题活动，一方面满足了住店客人的社交需求；另一方面也为城市中的居民提供了聚会、商务社交等活动的场所（林楠和CitiGO，2019）。社交情境的设立虽然在一定程度上占用了原本可以被设计为房间的使用面积，然而，数据表明社交情境的建立大大增加了酒店的总体收入。根据Holiday Inn美国地区顾客对社交中心的统计数据，Holiday Inn在建立了社交情境Social Hub后，每个房间的食品销售额增加了20%，每个房间的饮料销售额增加了50%，24小时营业的微型超市销售额增加了75%。因此，社交情境的建立在很大程度上升级了住宿业的消费。

共享住宿业进一步扩大了社交情境的实现，并提升了社交空间的社交氛围。共享住宿通过为房东和用户提供公共空间来促进人与人之间的社交互动（Pellegrini和De Canio，2019）。这些社交情境成为“社会集约化的场所”（Kennedy，2016）。就共享住宿的社交优势而言，相关研究发现社交带来的社会效益是共享住宿的突出属性（Ert等，2016；Tussyadiah，2016；Nieto García等，2020），且社交是消费者选择共享住宿的重要动机（Tussyadiah，2015；Tussyadiah和Pesonen，2015；Tussyadiah和Zacha，2015；So和Min，2018；De Canio等，2020），占比超过30%（Karlsson等，2017）。其中，一个突出的社交关系是房东和消费者的社交。房东让消费者感受到真正的宾至如归，让消费者有了本真的体验（Guttentag，2015；Tussyadiah，2016；Tussyadiah和Pesonen，2016）。这种社交模式超越了传统商业模式中员工和顾客的关系，并证实了社交在共享经济系统下对消费者的吸引力（Guttentag，2015；Tussyadiah和Pesonen，2016）。

随着互联网技术的发展及人们消费习惯的升级，多样化的平台和网站已成为消费者预订住宿的主要途径。数据表明，已有六成的消费者选择通过综合酒店预订平台预订酒店，有四成的消费者选择酒店官方线上预订渠道预订酒店（Iimedia，2021）。与传统酒店相比，共享住宿的预订更加依赖平台的呈现和推广，几乎所有消费者的共享住宿预订行为都在线上实现。因此，共享住宿平台的线上体验是消费者对共享住宿产品的第一印象，对消费者消费决策有重要影响，探讨共享住宿平台如何优化消费者共享住宿平台的消费体验，共享住宿经营者如何呈现有吸引力的住宿产品并突出共享住宿的独特优势，对共享住宿的发展具有保障性的重要意义。然而，虽然有个别研究提到过共享住宿平台呈现信息对消费者消费决策的影响，但现有研究并未系统地探讨共享住宿产品呈现的各类线索对消费者决策的影响作用及影响的内在机理，且少有研究强调共享住宿突出的社交属性对消费者共享住宿平台消费决策的作用。因此，本书基于有形性理论，将共享住宿平台产品呈现的线索分类为物理有形性线索和心理有形性线索，以系统地探讨共享住宿平台产品呈现中不同线索对消费者决策的影响，旨在解决如下研究问题：（1）共享住宿应关注哪些有形性线索的呈现？（2）建立物理有形性线索和心理有形性线索对消费者决策的影响模型，并探讨线索呈现质量的影响差异。（3）探讨模型的内在机理。本书在第2章综述了共享经济、共享住宿、社交及消费决策的概念范畴及相关研究，介绍了本书模型的理论基础：有形性理论、社会交互理论、社会渗透理论及环境心理学理论等，并建立了研究基础模型图。接着，本书通过三个实证研究——消费者共享住宿有形性线索的感知研究、物理有形性线索与心理有形性线索对消费者共享住宿决策的影响研究及有形性双线索驱动的消费者共享住宿决策模型的内在机理研究——探讨了共享住宿情境中的物理有形性线索与心理有形性线索的呈现方式，建立了物理有形性与心理有形性双线索驱动的综合消费者决策模型，并在模型中探讨了物理有形性线索与心理有形性线索对消费者决策的影响，识别了模型中不同类型社交意愿及感知房东可信任的中介作用，分析了消费者共享住宿经历对模型的调节作用。本书旨在探讨共享住宿在住宿业领域的重要地位，分析社交属性在游客共享住宿体验中的作用，并建立共享住宿业社交行为多维前因及其对消费决策的影响模型，以补充现有共享住宿业的相关研究。

1.2 研究意义

1.2.1 理论意义

1）本书深化了人工智能赋能下共享住宿业的发展动因研究

作为新兴的住宿业态，共享住宿发展速度迅猛。有研究认为共享住宿模式是对传统住宿业的一种颠覆性创新；也有少部分学者分析了社交对消费者共享住宿的决策作用，但现有研究较为分散，未形成规模。大数据分析等人工智能技术的发展帮助人们更系统全面地分析多模态数据的影响，对共享住宿线上视觉线索呈现的科学化分析具有重要价值。本书基于有形性理论，利用人工智能等技术，通过分析多模态视觉线索数据，探讨了共享住宿情境中的物理有形性线索与心理有形性线索的呈现方式，建立双线索驱动的消费者决策模型，丰富了现有人工智能赋能服务业的研究。

2）本书探讨了有形性线索呈现质量对消费者决策的影响

本书基于共享住宿平台真实房源的数据，探讨了物理有形性线索与心理有形性线索对消费者决策的影响。为进一步细化有形性线索这一变量的影响，我们对物理有形性线索及心理有形性线索进行了进一步分类，解决了两个研究问题，一是物理有形性线索及心理有形性线索呈现与否对消费决策的影响，二是物理有形性线索及心理有形性线索呈现的质量对消费决策的影响，并针对两个研究问题进行了两个研究，发现了与有形性线索呈现本身相比，有形性线索呈现的质量对消费者影响更深远。本书第一次将有形性理论在共享住宿消费场景中进行应用，且丰富了有形性线索影响的细粒度分析研究。

3）本书建立了有形性双线索驱动的消费者决策模型

本书基于对已有文献和理论的梳理，通过三个实证研究——消费者共享住宿有形性线索的感知研究、物理有形性线索与心理有形性线索对消费者共享住宿决策的影响研究以及有形性双线索驱动的消费者共享住宿决策模型的内在机理研究，建立了物理有形性与心理有形性双线索驱动的综合消费者决策模型。本模型探讨了物理有形性线索与心理有形性线索对消费者决策的影响，识别了模型中消费者与房东的意愿、消费者与游客社交意愿及感知房东可信任的中介作用，并分析了消费者共享住宿经历对模型的调节作用。本书模型丰富了现有关于消费者共享住宿决策的影响因素维度，通过因果分析进一步验证了社交意愿对消费决策的影响，形成了一个更综合的基于有形性双线索的消费者共享住宿决策模型。

4）本书分析了有形性双线索驱动的消费者决策模型的内在机理

在建立了有形性双线索驱动的消费者决策模型后，本书探讨了研究模型影响过程的内在机理。本书发现，在存在消费者不同类型社交意愿的中介下，心理有形性线索对消费者共享住宿预订意愿的影响更大，而物理有形性线索对消费者共享住宿支付钱数的意愿影响更大。与此同时，本书发现不同社交意愿在有形性双线索驱动对消费者预订意愿的影响中的中介效果更大。另外，本书识别消费者共享住宿的体验经历对模型的调节作用，发现其对社交意愿及对消费者决策的调节方向不同。本书探讨了有形性双线索驱动的消费者决策模型中三个中介变量及一个调节变量的作用，补充了有形性线索对消费决策影响的内在机理研究。

1.2.2 实践意义

1）本书有助于共享住宿业主体经营者了解目标客户群体

通过机器学习等大数据分析方法，本书对消费者在共享住宿在线平台发表的评论数据进行了分析，识别出消费者在共享住宿体验中关注的重点主题，分析与社交主题相关的内容，探讨社交体验在游客共享住宿体验中的作用。本书可以帮助共享住宿业主体经营者更好地了解游客在共享住宿体验中关注的重点、游客在共享住宿体验中的需求、定位目标客户群体，对共享住宿的精准营销具有指导意义。

2）本书为共享住宿业经营者平台产品的呈现提供理论指导

通过多组别的实验设计，本书探讨了社交行为的属性归因及影响效果，突出分析了房源公共空间的社交氛围及游客的自我展露对游客共享住宿社交行为的影响，且进一步分析了社交意愿对游客预订共享住宿的意愿和支付钱数意愿的影响。研究结果为共享住宿主体经营者房源独特优势的提升、房源社交氛围的营造、房源的优化升级、社交空间的设计等实践问题提供理论支持。

3）本书对共享住宿平台质量的提升提供优化建议

本书为共享住宿平台质量的提升方向提供优化建议。本书通过对共享住宿平台的大数据分析，旨在分析共享住宿平台现有的优势和现存的不足，为探讨如何在共享住宿平台升级共享住宿的推介系统以及增加共享住宿优质房源对游客的吸引力方面提供策略支持。另外，通过消费者在共享住宿平台上关注的重点属性，本研究为共享住宿平台如何有重点地进行共享住宿平台房源的营销并设计合适的评价奖励机制提供参考建议，对共享住宿平台口碑的传播和市场占有率的提升提供可参考的学术支持。

4）本书为共享住宿业提供发展路径实践指导

本书以共享住宿中消费者的社交行为为突破口，旨在探讨共享住宿业的发展优势、适用的社交情境以及影响消费者社交行为及消费决策的多元因素，综合分析在变化的市场环境中，共享住宿业寻求突破的发展策略。本书通过跨学科方法，分别从大数据分析角度和实验方法角度对研究问题进行了综合分析，为共享住宿业整体高质量发展提供可参考的路径。

1.3 研究目标

本书旨在解决如下研究问题：(1) 共享住宿应关注哪些有形性线索的呈现？(2) 建立物理有形性线索和心理有形性线索对消费者决策的影响模型，并探讨有形性线索呈现质量的影响差异。(3) 探讨模型的内在机理。具体而言，本书通过分析消费者共享住宿有形性双线索的感知，探讨共享住宿情境中的物理有形性线索与心理有形性线索的呈现方式，建立物理有形性与心理有形性双线索驱动的综合消费者决策模型。本模型探讨了物理有形性线索与心理有形性线索对消费者决策的影响，识别了模型中与房东的社交意愿、与其他游客的社交意愿及感知房东可信任的中介作用，并分析消费者共享住宿经历对模型的调节作用。本书旨在为共享住宿业的市场主体经营者更好地了解消费者需求提供理论支持，为共享住宿平台的设计及优化、共享住宿经营者产品的呈现及住宿环境社交情境的实现提出适合的发展策略，最终有针对性地制定共享住宿产业差异化发展策略。

1.4 研究方法

本书采用的研究方法如下：

1）基于德尔菲法的实地调研法

本书首先通过实地调研方法，对共享住宿业市场主体进行德尔菲访谈和问卷调查，分析共享住宿业发展的优势、现有问题及阻碍。其次，通过国内外文献的梳理归纳，建立共享住宿业文献数据库，对比文献梳理的结果与实践调研结果，找出现有共享住宿业研究不足和应对住宿业市场变化亟须补充的研究内容。

2）LDA线性判别分析及K-Means无监督聚类算法等机器学习方法

本书在第3章通过LDA线性判别分析等大数据方法，基于困惑度指数确定了适合词库的主题数，识别了游客在共享住宿体验中关注的重点主题，并基于PyLDAvis算法探讨了主题间的关系并可视化了主题间的相关性，深入挖掘了每个主题的内在含义，并对各主题分布的概率进行了比较；基于K-Means无监督聚类算法对主题的聚合效果进行了稳健性检验，发现主题中文本分布均匀，每条评论在隶属主题下的聚类效果较好。

3）实验法及问卷调查法

本书在第5章中，结合实验法、问卷调查法及计量经济学方法，设计了多组别实验，探讨了有形性线索对消费者决策的影响作用机理，验证了物理有形性线索及心理有形性线索驱动的消费者共享住宿决策模型。在研究一中，我们通过刺激的检验、预实验及主实验探讨了物理有形性线索对消费者决策的影响机理。在研究二中，我们通过控制房东自我展露与否分析了心理有形性线索与社交意愿影响关系中的内在机制，探讨感知房东可信任在心理有形性线索对消费者社交意愿影响中的中介效应。在研究三中，我们通过多组别二乘二实验，设计了四种实验情境，建立了有形性双线索驱动下的消费者消费决策模型，并在研究四中探讨了消费者因素对模型的调节作用。

4）多组别比较分析及线性回归等计量经济学方法

本书在主体的第4章及第5章都使用了计量经济模型分析变量间的因果关系。第4章基于大数据分析的物理有形性线索与心理有形性线索对消费者决策的影响研究中，在使用图片分析及人脸识别等机器学习技术量化变量后，通过逐步回归，首先控制了控制变量对消费决策的影响，再逐步加入有形性线索自变量及社交意愿中介变量，判断模型的解释能力及变量间的关系。在第5章基于实验研究法的有形性双线索驱动的消费者决策模型的内在机理研究中，使用Anova分析了不同组别的差异，并使用Process模型4分析了模型的中介作用，使用Process模型8分析了被调节模型的中介作用。

1.5 研究主要创新点

1）本书具有学术理论问题创新性

作为新兴的住宿业态，共享住宿业近年来发展迅猛。然而，现有关于共享住宿业的相关研究与实践发展速度严重不匹配。因此，探讨共享住宿如何在变化的住宿业市场中发挥自身优势，制定有针对性的发展策略，对整体住宿产业高质量发展具有重要意义。同时，共享住宿平台已成为预订共享住宿最主要的方式，但已有研究尚未深入探讨共享住宿产品呈现的线索对消费者消费决策的影响。本书基于有形性理论，建立了有形性双线索驱动的消费者共享住宿决策模型，分析了研究模型中社交意愿、感知房东可信任等因素存在的中介效应及消费者因素的调节效应，补充了有形性线索对消费者共享住宿决策影响的研究，丰富了影响消费者共享住宿决策的维度，拓展了新市场环境下共享住宿的相关研究。

2）本书运用多种跨学科前沿研究方法交叉验证了研究模型

本书首先在第3章通过LDA线性判别分析、PyLDAvis算法及K-Means无监督聚类算法初步分析了环境因素、房东因素及社交因素之间的相关关系，在建立共享住宿决策模型中加入环境相关变量、房东相关变量及社交相关变量，为后续共享住宿消费者决策模型的建立奠定了基础。在第4章中，通过图片识别深度学习算法检验物理有形性线索及心理有形性线索的呈现及呈现质量，并通过计量经济学模型回归方程，检验了有形性双线索呈现及呈现质量对消费决策的作用。在第5章中，通过实验研究法，设计了多组别实验，进一步检验了有形性双线索驱动的消费者决策模型的内在机理，探讨了模型中消费者与房东的意愿、消费者与游客社交意愿及感知房东可信任的中介作用，并分析了消费者共享住宿经历对模型的调节作用。三个跨学科实证研究的交叉检验提升了模型的有效性，也丰富了跨学科方法在共享住宿研究中的应用。

3）本书检验了社交意愿对消费者共享住宿决策的重要作用

学者已经关注到社交对消费者共享住宿决策的重要作用，但现有研究仍停留在对通过消费者访谈形成的文本进行描述性分析，少有研究探讨消费者社交对其消费决策影响的因果关系。本书通过共享住宿的平台数据及四个多组别实验数据检验出消费者社交意愿在有形性线索对消费者共享住宿决策的影响中的中介作用，研究发现房东的社交意愿及游客的社交意愿对消费者的预订意愿会产生更强的影响。另外，本书发现了社交意愿产生的前置因素和物理有形性线索会直接影响消费者的社交意愿，而心理有形性线索会通过感知房东的可信任进而提高消费者的社交意愿。

4）本书发现了消费者共享住宿经历对社交意愿及消费决策的相反调节作用

本书发现了一个有趣的研究结论，在有形性线索对消费者社交意愿的影响中，在存在共享住宿舒适环境氛围及房东自我展露的刺激时，没有过共享住宿经历的消费者的社交意愿会显著地增强，这说明了没有过共享住宿的体验经历不仅不会阻碍消费者感知有形性线索刺激后产生社交意愿，还会由于对新鲜事物的好奇感，更多地激发出与房东及与其他游客的社交意愿，这也证实了共享住宿存在较多的潜在消费者。而在有形性线索对消费者消费决策的影响中，消费者的共享住宿经历仅调节了有形性线索对消费者共享住宿支付钱数的意愿，在受到有形性线索的刺激时，有过共享住宿经验的消费者会在共享住宿上消费更多。这可能因为有过共享住宿经历的消费者对共享住宿本身已经有较好的认知，优质的有形性线索可能直接让这些消费者识别到产品的高品质，并促使他们消费更多。因此，本研究发现由于共享住宿在中国市场仍处于新兴发展阶段，很多消费者可能还没有体验过共享住宿，但这些消费者仍存在潜在的消费意愿，共享住宿平台应制定更多吸引新消费者的营销策略，促进共享住宿的规模发展。

2

文献综述与理论基础

2.1 共享住宿

2.1.1 共享住宿的概念

随着共享交通和在线平台住宿预订的兴起，共享经济的概念在旅游与酒店业中广泛发展（Cesarani和Nechita，2017；Zervas等，2017；Mahadevan，2018；Tussyadiah和Pesonen，2018；Phua，2019）。共享平台鼓励人们共享他们在住宿或交通中拥有的额外空间，例如Airbnb或Uber（Tussyadiah和Pesonen，2018）。以Airbnb为代表的共享住宿是共享经济中C2C模式的典型代表（Oskam和Boswijk，2016；Moon等，2019；Phua，2019）。在共享住宿平台中，服务提供商通常使用自己的个人房源向客户提供服务，并分享自己房产中可供他人短期租用的可用居住空间（Pizam，2014；Yang等，2017）。线上的互联网平台充当了房源提供者和消费者的中间角色，将房源提供者和消费者聚集起来，并提供支付与损坏保险等服务（Pizam，2014；Dredge和Gyimothy，2015）。房源的提供者与消费者之间的关系是多重交互的结果，即使房东们不是专业的营销人员或没有接受过销售和服务培训，这种关系仍然是稳固的（Wiles和Crawford，2017；Yang等，2017；Bridges和Vásquez，2018）。

以典型的共享住宿平台Airbnb为例，Airbnb将自己描述为“一个值得信赖的社区市场，供人们列出、发现和预订世界各地的独特住宿”（Airbnb，2020）。它本质上是一个在线平台，人们通过该平台出租自己的空间作为游客的住宿。这些空间变化很大，从起居室到整个岛屿，通常涉及私人房间或整个公寓或房屋（Guttentag，2015）。空间的“主人”可能在出租时住在那里，就像典型的住宿加早餐

（B&B）一样，主人可能不在或可能正在度假，甚至将空间永久出租。此外，它的大部分空间都位于房东的主要住宅中（The Economist，2013）。Airbnb的网站（www.airbnb.com）简单明了，类似于传统的住宿预订网站（例如Expedia、携程等）：消费者根据目的地、旅行日期和聚会人数进行搜索，网站会返回一个可用空间列表，这些可用空间可以通过价格、社区和便利设施等属性进行细化，然后可以选择单个列表以获得更详细的信息，其中通常包括房源描述、照片和过往客人的评论。要预订或出租空间，必须拥有Airbnb个人资料。当对空间感兴趣时，游客将向房东发送预订请求或消息以表达兴趣、可能提出问题并可能提供关于旅行团的信息，房东可以回答并询问游客任何问题，或者如果游客已经提出预订请求，那么房东可以接受预订。通过网站付款，Airbnb向客人收取6%～12%的费用，向房东收取3%的费用，以赚取收入（Guttentag，2015）。

2.1.2 共享住宿与传统酒店的差异

已有研究证明了共享住宿不仅受到低消费旅行者的欢迎，也受到寻求豪华的高端客户的欢迎（Trivett，2013）。与传统酒店相比，共享住宿提供了前所未有的差异化体验——从每晚100元的低价房到每晚几万元的豪宅，一些共享住宿公司专注于提升客户体验，如提供当地美食、葡萄酒和多种精选的升级沐浴产品等，他们将客户的体验作为未来战略计划的核心（Ting，2016；Wright，2016）。因此，这些体验驱动因素为旅游住宿的提供以及游客在目的地逗留的方式带来了颠覆性的创新（Oskam和Boswijk，2016；Tussyadiah和Pesonen，2016）。旅行者希望与当地人进行更有意义的社交互动以及得到在真实环境中的独特体验，促使他们选择共享住宿而非传统住宿，这让他们能够更频繁地旅行、停留更长时间并在目的地参与更多的活动，且其中大部分活动的花费高昂。

Varma等（2016）对共享住宿和传统酒店进行了比较分析，并说明了酒店客户和Airbnb客户之间的差异。他们对酒店高管访谈后发现，考虑到酒店和Airbnb吸引不同的细分市场，Airbnb产生的竞争非常有限，尤其是Airbnb更多地被旅行时间较长的消费者选择，但在商务旅行的情况下则并非如此。Varma等（2016）的研究表明，Airbnb的客户更关注休闲方面。Poon和Huang（2017）的研究证实了旅行目的（休闲与商务）以及旅行时长（停留）对共享住宿选择的影响。他们比较了Airbnb的用户和非用户，发现了一定的差异，如Airbnb被认为更适合休闲旅行；而关于旅行持续时间，研究发现，当独自旅行和与配偶或伴侣一起旅行时，如果行程较短，受访者更有可能住在酒店，但如果行程较长，受访者更喜欢Airbnb；而当与朋友一起旅行时，无论旅行时间长短，受访者都更有可能使用Airbnb（Poon和Huang，2017）。Young等（2017）证实了动机、聚会规模和旅行持续时间这三个变量的相关性。共享住宿平台更多地与休闲旅游相关联，聚会的规模和旅行的长度被认为是选择这些住宿的重要决定因素。一些研究对共享住宿与酒店在地理位置方面进行了比较。Gutiérrez等（2017）发现Airbnb与观光景点的临近程度以及与休闲、酒店和娱乐行业相关的土地使用之间存在正相关关系；Adamiak（2019）研究发现，Airbnb提供的服务数量与城市规模及其作为休闲旅游目的地的重要性正相关；Yi等（2021）也探讨了酒店和共享住宿在地理位置的分布差异。也有研究对共享住宿与酒店在定价方面进行了比较。Gibbs等（2018）的研究发现高需求休闲目的地的Airbnb价格波动更大。有研究发现，共享住宿和传统酒店相互影响，Airbnb的价格定位可能会威胁到附近酒店的业绩（Xie和Kwok，2017），对低端酒店的影响则更大（Zervas等，2017；

Guttentag和Smith，2017）。同时，周围酒店也会对共享住宿产生影响（Yi等，2021）。

2.1.3 共享住宿的社交属性

P2P住宿可以为住宿者提供一个环境，通过人际关系（对话、身体接触、观察）共同创造他们的体验，并可以促进消费者的社交过程（Coelho等，2018）。Couchsurfing等P2P平台可以帮助旅行者获得“像当地人一样生活”的体验，而Airbnb可以帮助旅行者获得对目的地的深入了解（Marques和GondimMatos，2020）。房东通过热情欢迎、提供基本食物和饮料以及在客人入住期间满足客人的要求，为客人提供出色的体验（Camilleri和Neuhofer，2017；胡姗等，2020）。共享住宿的消费者不仅可以在共享住宿平台上分享他们的旅行攻略、奇闻轶事，也可与共享住宿中的房东、其他游客进行交流，收获友谊，结交朋友（范楠和陈宏民，2020；殷英梅和郑向敏，2017）。已有研究将社交（客人-主人）互动视为Airbnb体验的核心维度（Festila和Müller，2017；Lampinen和Cheshire，2016；Tussyadiah和Pesonen，2016；Yannopoulou等，2013）。例如，Yannopoulou（2013）认为Airbnb本质上意味着“有意义的生活丰富、人际交往、访问和真实性”。P2P住宿可以帮助住宿者获得像当地人一样生活的体验，也可以帮助旅行者获得对目的地的深入了解（Marques和Gondim Matos，2020）。研究表明，共享住宿的消费者对共享住宿提供者组织的烧烤、烹饪、郊游等活动感到满意。通过参与互动活动，共享住宿的消费者也有机会了解并结交新朋友，一些人还会在旅行结束后继续保持联系（Lyu等，2019）。Tussyadiah和Pesonen（2016）的研究显示，旅行者希望与当地人进行更有意义的社交互动以及在真实环境中有独特体验，这促使他们使用共享住宿，更频繁地旅行、停留更长时间并在目的地参与更多活动，且其中大部分的活动成本高昂。因此，消费者在共享住宿中的社交关系不仅仅限定为与房东的关系，也可以是与其他与消费者的关系。消费者在互动和资源交换的社交过程中，为自己创造价值的同时，也为他人创造价值（Cova和Salle，2008；Cova等，2011）。

2.2 社交的理论基础及相关研究

2.2.1 社会互动理论

社会互动理论最早被应用于医生和患者之间的关系。Ben-Sira（1976）使用社会互动理论来描述医生与患者的相遇。该理论假设寻求医疗帮助的患者有两个总体目标：（1）治疗疾病，医生通过开药等任务行为来解决；（2）缓解焦虑，医生通过社交情绪行为来解决，例如表达关心和安慰。患者对医生的反应可以反映医生的行为在多大程度上促使患者朝着患者的目标前进。因此，患者必须能够将医生的任务和社会情绪行为识别为治疗疾病或缓解焦虑。Ben-Sira（1976）认为社会情绪行为在社会环境中被广泛使用，并且很容易被患者识别和理解。相比之下，患者可能难以识别和理解医生任务行为与疾病治疗之间的关系，尤其是在患者特别焦虑或受教育程度低的情况下。因此，在共享住宿中，房东共享自己的房子可能也存在两个目标，首先是为了获得利益，这最主要的目标，而第二个目标是提供给消费者社交互动的场所，这也是区别于传统酒店的重要特征。消费者选择共享住宿而非传统酒店的原因，除了满足基本住宿需求外，更追求传统酒店所不能满足的社交需求。

2.2.2 服务业中的社交类型

1）消费者与服务提供者的社交

Lehtinen和Lehtinen（1991）最早阐释了顾客和供应商之间的社交。之前的研究表明，服务供应商的服务质量、受教育程度会很大程度影响消费者的体验，而与消费者之间的社交被认为是服务人员能力的重要体现之一（Keng等，2007）。客户经常会评估服务的员工从最初接触到结束服务的社交互动的质量，例如询问信息、请求帮助或获得服务等方面的互动体验（Moore等，2005）。Kellogg等（1997）发现客户和供应商都认为社会支持和建立关系很重要。特别是对于服务业，Chan等（2010）认为客户参与加强了客户和员工之间的关系价值。客户和员工通过建立关系和享受体验来共同创造关系价值（Fleming等，2005）。对于托儿服务，父母的CPI（例如对孩子的发展和反应提供反馈或让日托中心了解孩子的情况）会减少对服务的担忧，最终增加信任和相互理解。研究人员表明，客户参与是对于供应商关系的一种投资（Fang等，2008）。当客户参与生产或提供服务时，他们与产品以及公司一起行动（Dabholkar，2015）。例如，在Build-A-Bear Workshop中参与制作泰迪熊的客户表现出对产品和公司的积极参与度（Ashby，2009）。对于托儿服务，家长的志愿服务将增加对服务的感知参与度，使得父母会觉得他们与托儿所的关系更牢固。

在服务业领域，消费者与服务提供者的互动被认为是“在服务交付过程中发生在消费者和服务提供者之间的个人互动”（Lin和Mattila，2010）。在服务营销中，“交互质量”用于评估各类研究中消费者与服务提供商之间的交互（Fowler和Bridges，2012；Choi和Kim，2013；Choi和Kim，2015；Alhelalat等，2017）。交互质量被概念化为“消费者在被服务期间对如何交付服务的看法”（Lemke等，2011）。消费者经常评估服务人员从最初接触到结束服务的交互质量，例如询问信息、请求帮助或获得服务（Moore等，2005）。以共享住宿业为例，房东与消费者的社交互动是最典型的社交形式。消费者与房东互动表现在熟悉该地点、询问住宿服务和旅行信息、解决问题或彼此了解等方面。在某些情况下，好客的主人可能会邀请客人一起旅行或参加自己的家庭娱乐活动（Lin等，2019）。这种联系通常对客人来说是深刻而积极的。

2）消费者与消费者的社交

消费者与消费者之间的社交行为概念在Eiglier和Langeard于1977年提出的服务系统模型中产生。该模型通过“消费者B”阐明了其他消费者在服务场景中的作用。Eiglier和Langeard（1977）开创的服务系统模型将服务组织中消费者可见的部分定义为无生命的周围环境和接触的人员，而两者都会影响客户对服务的感知；但是该模型还包含一个至关重要的第三个可见的影响因素，称为“客户B”。客户B对其服务体验的看法同样会影响客户A对服务体验的感知（Eiglier和Langeard，1977；Cowell，1984）。消费者与消费者的社交互动进一步被理解为“对客户与其他客户互动优势的感知判断”（Lemke等，2011）。消费者与消费者的交互也被理解为客户参与服务领域的一种形式（Nicholls，2010）。消费者与消费者的交互通常仅限于在物理服务环境中消费者之间的直接交互，导致消费者与消费者产生较多交互的一些具体特征是身体距离很近，语言互动和参与活动的可能性很大，以及有足够的时间等待或分享（Martin和Pranter，1989）。消费者与消费者的交互可以开发有效促进信息交流的虚拟社区，并使成员获得更高的群体认同（Srinivasan等，2002）。消费者社区也促进了成员之间的社会互动，人们重视这种社会互动，特别是当他们持有相似的生活观时（Feinberg等，1989；Srinivasan等，2002）。研究结果表明，虽然无法预测其他客户的行为，但这些行为已被强调为服务体验、服务质量、满意度和忠诚度的关键方面（Kim和Choi，2016；Fakharyan等，2014；Choi和Kim，2013；Yoo等，2012）。

在服务业领域，消费者与消费者之间的互动被理解为“对消费者与其他消费者互动的优越性的感知判断”（Lemke等，2011）。根据Kim和Choi（2016）的说法，消费者与消费者之间的互动包括“朋友或家人互动、邻近消费者互动和观众互动”。然而，大多数研究关注的是顾客之间的内部互动（朋友/家人互动），这反映了顾客与朋友、家人或亲戚的感知互动（Nicholls，2010），却忽略了消费者与其他消费者的互动。之前有研究也表明，消费者与消费者之间的社交行为是服务环境中的常见特征，且在休闲和住宿业领域等服务行业体现得尤为明显（Nicholls，2010）。在旅游领域，已有研究探讨了在邮轮领域中消费者与消费者之间的社交行为会促进消费者的满意度和体验（Huang和Hsu，2010）；同样，在共享住宿领域，之前的研究也说明了消费者和消费者之间社交行为的重要作用（Fan等，2017，2019）。

2.3 有形性的理论基础及相关研究

2.3.1 有形性理论

Shostack（1977）是最早提出有形（无形）理论的学者，她定义了有形性为可触的和有物质的东西，而无形性是有形性的反义词。Shostack将无形性定义为动态的、主观的和短暂的，它们无法触摸、试穿、测量、闻、看或展示在货架上，并且极难量化。Berry（1980）

将无形性概念进一步定位为“无法触摸、无法触及的东西”和“无法在精神上轻易定义、表述或掌握的东西”，而McDougall（1987）提出了无形性是“存在物证”的相反概念。学者们进一步发现，有形性和无形性不是非此即彼的概念，而是一个连续统一体（Bateson，1979；Gordon和Dougall，1990）。最早的有形性和无形性概念被用于解释商品和服务的关系。Shostack（1977）、Murray和Schlacter（1990）认为商品和服务之间的区别是不明确的，Lovelock（2001）也认为市场中大多数产品是有形和无形元素的组合，他认为所购买的产品本质是有形的还是无形的，取决其商品或服务的分类（Berry，1980）。

根据有形性理论，产品的无形性展现了服务、产品属性及相关利益的障碍，从而增加了消费者的评估难度（Nepomuceno等，2014）。心理上的无形性反映了一个产品即便在物理上是有形的，但在精神上很难掌握。物理上的无形性不能确保对象产生清晰心理表征，特别是如果评估者缺乏相关经验（Finn，1985；McDougall和Snetsinger，1990）。因此，与产品或服务相关的有形性线索可用于帮助人们克服对无形性的认知（Featherman和Wells，2010）。例如，在购买产品之前缺乏与产品的接触对某些消费者来说意味着更高的风险，因为物理的有形性取决于感官的可及性（Nepomuceno等，2012）。之前的研究已经发现，由于线上消费情境增强了消费者感知到的有形产品的无形性，许多消费者在线上消费时会产生抵触情绪（Featherman和Pavlou，2003），也有研究将线上消费情境与传统线下消费渠道相比较，从无形性角度分析了线上消费情境的独特性（Nepomuceno等，2014）。然而，在另一方面，线上消费使消费者能够从在线平台展示的产品信息和消费过产品的用户评价中获得更多的产品信息，从而在消费前将无形体验“有形化”（Berthon等，1999；Hajli和Sims，2015）。通过这种方式，消费者可以衡量产品的功能和设计，并对产品的质量做出预判。由于在线平台已成为消费者购买各类产品的主要方式，探讨有形性对消费者消费决策的影响很有意义。

2.3.2 物理有形性与心理有形性

随着通信技术的发展，产品（即商品和服务）的有形性变得越来越重要。从笔记本电脑到沙发，从食物到电影票或住宿产品，许多产品可以通过网络获得。Laroche等（2001，2003，2005）的研究表明，有形性被认为是一个多维结构，主要由物理有形性和心理有形性组成，物理有形性指产品可以被感知物理存在及被感官感受的程度，当展示产品的物理有形性线索时，大多展示与商品本身物理性质有关的特性；心理有形性反映了客户在心理上理解产品并对其有清晰的心理表征的程度，当展示产品的心理有形性线索时，大多展示与产品没有物理性状的支持、需要消费者进一步思考其内涵的属性。后来学者发现了特异性，即消费者描述和识别产品的能力也是有形性的一个维度，大多由消费者之前消费的经历决定（Laroche等，2004）。

一些有形性的例子包括当人们看到汽车的照片便会对汽车这个物品产生直观的物理有形性；人们看见雪的时候，可能想象的不是雪本身，而是在雪中的感受。商品和服务的组合是产品有形性体现的典型代表，消费者通过产品物理有形性线索了解了商品本身的样子，虽然接触不到，但可以感受到商品本身的物理属性；而消费者也会通过服务人员的展示，对服务产生心理层面的理解，比如一个面带微笑的服务人员会让人从心理层面感知到热情友好的服务体验（Verhagen，2016）。

已有研究发现，在网站上提供一个信息丰富、有效甚至有趣的有形性线索会帮助客户评估产品的功能、设计，并影响消费者的决策。服务提供商能够通过产品有形性线索将无形服务的某些方面具体化，使客户能够从网站获得丰富的信息，从而评估产品的功能和设计，对产品的质量做出估计（Zeithaml等，2002），并降低风险感知水平（Laroche等，2004）。购买服务涉及的风险越低，客户就越容易形成对该服务的积极态度。在服务环境中，客户甚至能够体验虚拟服务。例如，许多酒店提供客房、大堂和餐厅的虚拟参观服务，消费者可以通过酒店房间和周围的设施的有形化线索对酒店的形象进行感知，帮助他们把酒店的服务具体化。有形性的线索的呈现让消费者减少了对产品的不信任感。

以在线购买共享住宿产品为例，在线平台上展示的房子的外观、内部的环境等属于房源物理有形性线索。房源的提供者可以通过在线平台的展示，让消费者增强对物理有形性线索的感知。尽管不能真正置身于共享住宿里，但物理的有形性线索的提供让消费者直观地感受到住宿产品的样子，仿佛自己身临其境。与此相对的是，共享住宿在线平台上展示的房东相关信息，属于心理有形性线索。消费者选择共享住宿的直接目的是居住，当消费者看到房东的信息时，不会直接产生对产品本身的物理层面的认识，但会由于房东提供了自己的照片等信息对房东产生信任感，进而产生对该产品的积极态度。研究发现，提供服务供应商的形象，会增强消费者对服务人员及产品的信任感，提升消费者的满意度，并会促进消费者的消费（Darke等，2016）。因此，共享住宿在线平台心理有形性线索的呈现也会对消费者决策产生影响。

2.3.3 有形性线索的影响作用

平台提供的有形性线索可以加强和促进消费者自助服务，减少电子交易访问的障碍和不安全性，并减少服务的异质性。

首先，线上消费本质上是一个自助服务的过程，消费者决定何时开始和结束交易。换言之，客户通过主动选择与谁进行交互、他们希望提供哪些信息、他们希望接收的产品或服务的概况以及他们喜欢在何时、何地，以及用各种方式做事情来主导电子商务B2C中的关系（Kolesar和Galbraith，2000；Rust和Lemon，2001）。在这种情况下，用户必须能够在支付之前完成该过程或在上述任何步骤中止。这意味着平台的设计和产品的展示必须使客户能够毫无问题地完成交易，而有形性线索的提供保证了消费者的自助服务过程（Douglas等，2003；O’Neill等，2001；Trocchia和Janda，2003）。

其次，有形性线索的呈现有助于减少新环境产生的不确定性及不安全性。产品供应商必须在网站的设计和产品的展示上关注消费者的需求和愿望，因为有形性是赢得用户对网站的信任和支持的起点。Yang等（2003）强调了这一点，他们确定客户必须以轻松愉快的方式使用导航并获取他们所寻求的内容，如果消费者发现在平台或网站上获取不到想要的信息，消费者会拒绝使用该平台或网站。一个设计不佳、运行有缺陷、产品展示不清的网站或平台，很难向消费者传递信心，这也抑制了消费者的消费意愿（Font，2000）。Levinson和Rubin（2000）建议平台或网站关注订单处理器，并允许消费者增加订单、修改订单或取消订单，优化订单控制流程，让消费者对订单的处理感到信任。在呈现线上产品时，增加产品的照片等有形性线索也会增加消费者对产品信息的感知量，促进消费者对产品产生积极的态度，增强消费者对产品的信任（Verhagen等，2016）。因此，线上消费平台和负责提高产品质量的人员都必须在平台的设计和产品的展示方面关注消费者的需求和愿望，并有针对性地提供有形性线索，因为有形性是赢得用户信任和支持的关键（Madu和Madu，2002）。

最后，消费平台的有形性线索有助于减少服务供应的异质性，从而提高质量控制。销售过程是一种人际互动，难以控制供应商和购买者的行为，因此产生了高度的异质性。然而，在实体不那么重要的情境下，例如在线上消费平台中，可以通过最大限度标准化步骤顺序来保证更高程度的服务同质化。换言之，线上消费过程是一个由技术主导并通过技术引导的过程，其结果是可以被预先估计的（Meuter等，2000；Cox和Dale，2001）。然而，消费者使用平台的经验水平、技术能力存在潜在的异质性。基于消费者的消费经验，第一次在线上购买产品的消费者会比有经验的消费者遇到更多的困难（Verhagen等，2016）。因此，为消费者提供一个直观、简单并适合所有类型客户的平台并展示产品更多的有形性线索，以满足不同经验消费者的需求有重要意义。

2.4 有形性双线索对共享住宿消费决策的影响

2.4.1 消费决策的影响因素研究

消费者决策过程涉及问题的识别、信息的搜索、替代方案的开发、购买以及对整体结果的评估。由于目前许多消费者的共享住宿预订行为都通过共享住宿平台实现，因此本书中的消费决策直接认定为消费者线上消费决策。消费者消费决策是一个基于在线平台交换时间、精力和金钱的过程（Wu，2013）。在顾客获得了购买经验和感受、满足了可收集到信息的外部条件、评估了选择并做出购买决策后，购买意愿就会产生（Schiffman和Kanuk，2000）。

1）网站或平台设计因素

随着在线消费的发展和在线平台数量的日益增加（Elliot和

Fowell，2000），从零售商的角度来看，互联网提供了一种以更加个性化和便捷地接触消费者的方式，充分利用了信息的潜力（Reichheld 和 Schefter，2000；Voss，2000；Wilson-Jeanselme 和 Reynolds，2005）；而从消费者角度来看，消费者可以通过在线消费减少认知需要的努力并节省时间，更加关注他们在线消费的体验。由于客户只需点击鼠标或在手机上一键操作即可购买产品，消费者的需求增多并更少地容忍购买过程带来的不悦感（Bitner，2001；Cox 和 Dale，2001；Douglas 等，2003）。因此，客户在线购买体验已不仅限于在线平台履行承诺的方面，从客户访问网站的那一刻起，游客就已经开始评价在线消费的体验。已有研究发现，网站设计是影响在线消费的因素，这可能会给客户带来不安全感和不确定性（Madu 和 Madu，2002；Yang 等，2003；Levinson 和 Rubin，2000）。优秀的网页设计，如快速的访问界面、整洁的屏幕和简单的搜索路径会减少购物时间和购物的认知努力，增加消费者购物体验的愉悦程度及购物意愿。Then 和 DeLong（1999）的研究强调了服装网站布局和设计的重要性，零售商提供服装的视觉展示信息越多，消费者在线购买服装的兴趣就越大。

2）网站安全因素

McKnight 等（2002）和 Pavlou（2003）将在线平台的信任概念化为客户在考虑到零售商的特征后自愿被零售商影响的一种想法。信任可以帮助消费者克服对不确定性和风险的认识，并和供应商进行与信任相关的行为，如共享个人信息或完成购买（McKnight 等，2002）。在网上购物中，很多客户害怕与电子供应商进行交易，因为交易是通过互联网进行的，存在不安全性。Hoffman 等（1999）指出，电子商务的关键障碍是恐惧，包括缺乏安全支付标准、缺乏能够盈利的商业模式，以及消费者害怕泄露个人数据。信任通过减少欺诈、不确定性和潜在风险来帮助减少这种恐惧并促进电子商务交易（Sun，2011）。

从事电子商务活动的公司必须开发有用、牢固且在安全和隐私方面值得信赖的网站（Chen和Barnes，2007）。在线上购物的情境下，有三种风险占主导地位：财务风险、产品风险和信息风险（安全和隐私）（Bhatnagar等，2000）。使用加密技术可以减少用户对欺诈行为的恐惧，但大多数人仍不愿提供他们的个人信息和信用卡卡号。出于这个原因，尽管很多互联网用户可能有兴趣通过互联网购买产品或订购服务，但当被要求提供个人信息和信用卡详细信息时，近67%的客户会放弃该预订（Brendon，2002）。因此，货到付款是客户更喜欢用来降低安全风险的解决方案之一。

3）消费者因素

关于购买决策的早期研究集中在决策任务上，但关于影响消费决策的决策特征的研究较少（Scott和Bruce，1995）。最近，一些研究讨论了消费者特征及其对购买决策过程的各个阶段的影响（Chowdhury等，2009；Ranaweera等，2005；Simon，1960）。关于消费者的研究包括人口统计特征及消费者对产品认识的相关特征，如消费者基本情况和消费者的产品参与，这些特征因人而异（Chowdhury等，2009）。研究发现消费者的决策风格和对产品先前的了解也是影响消费者在线消费行为的重要因素，了解更多产品知识的消费者决策时间更长，且更容易产生决策行为（Karimi等，2015）。

4）口碑因素

鉴于互联网的连通性，消费者可以使用在线论坛或各种社交媒体轻松地与其他消费者互动并交换购物体验。消费者的线上评论代表了一种新的电子口碑形式。与传统的口碑传播类似，电子口碑是潜在的、现有的或消费过产品的消费者对产品或公司所进行的任何正面或负面的陈述（Hennig-Thurau等，2004）。之前的研究发现了口碑对消费者消费决策的作用。许多潜在的互联网消费者倾向于等待并观察他人的体验。先前的研究表明，外部来源的信息（例如在线消费者评论）可以通过内化过程增强消费者对某些产品的信念或态度的信心（Spreng和Page，2001）。

5）产品呈现因素

平台或网站上产品呈现因素对消费者决策的影响是本书的关注重点。已有研究发现，产品的视觉呈现等感官接触可能会对消费者在线消费产品产生心理层面的反应，并会增加购买意愿（Stafford，1996）。研究表明，有吸引力且有趣的产品展示会带来消费者更高的消费意愿（Swinyard，1993），特别是吸引人的产品视觉展示会加速消费者购买产品的意愿（Then和Delong，1999）。已有研究发现，在消费场景中，视觉展示（例如，产品移动、大尺寸图像）可以促进消费者购买意愿（Kim等，2000）和在线销售量（Then和Delong，1999）。进一步的研究表明，提供准确而详细的产品视觉信息可以降低消费者对网上购物的感知风险，并有助于他们的消费决策（Park等，2005）。

由于产品的展示形式多种多样，产品的呈现形式可以细分为在线产品的文字展示和在线产品的图片展示。现有研究大多探讨了在线产品的文字展示对消费者消费决策的影响，而在线产品的图片展示对消费者决策的影响因分析技术的难度还未被深入探讨。已有研究发现，视觉产品信息在调用消费者的回忆或识别功能方面优于文本信息（Speier，2006）。Maclnnis和Price（1987）认为视觉信息（例如图片和图像）可以调用人脑中的图像信息处理，它在一个人的工作记忆中提供多模态感觉信息和具体的信息处理三角测量，因此，相互支持的感官信息处理使消费者能够做出自信和理性的决定（Maclnnis和Price，1987）。其他学者从双重过程处理的角度发现了支持视觉信息优越性的证据（Clark和Paivio，1991）。信息处理是通过两个独立但相互关联的子系统进行的，即语言处理子系统和想象处理子系统（Jiang和Benbasat，2007）。当消费者从外部接收到文本信息时，只有语言处理子系统被激活，人脑会进行顺序信息编码。而相比之下，当消费者接收到视觉信息时，会激活一个想象处理子系统，人脑会进行并行信息编码（Clark和Paivio，1991）。由于视觉在信息召回和识别方面优于文本信息，想象处理子系统可以结合来自视觉和文本信息的编码信息，然后产生编码冗余，进一步支持消费者的决策（Jiang和Benbasat，2007）。因此，本书重点关注视觉信息对消费者线上决策的影响。基于视觉展示，本书进一步在线上共享住宿消费情境中将产品展示的影响划分为物理有形的视觉展示和心理有形的视觉展示。

2.4.2 物理有形性线索对共享住宿消费决策影响的理论基础及相关研究

1）环境心理学理论

环境心理学理论被广泛应用于环境对个体的影响研究。Mehrabian和Russell（1974）提出环境刺激，如视觉刺激，会刺激个体产生情绪等方面的反应，且会进一步导致个体的“接近或回避”行为。在服务环境中的接近或回避行为包括对环境的评价、对服务体验的评价、长期选择的决策、对环境中其他人的态度、消费行为、购物时间和对环境的探索等行为（Robert和John，1982）。Russell和Snodgrass（1991）提出的基于环境影响的信息处理模型认为，环境复杂性的增加，如视觉的刺激会增加个体信息的处理和个体情绪、态度、意愿的唤醒，并进一步促进接近或回避行为。环境心理学相关文献表明，环境美学会为人们带来更多放松和治愈的体验（Van Hoof等，2010），并会促进人们参与更多社交活动（Graham等，2015；Israel，2003；Werner等，1985）。环境心理学文献也表明，消费者对氛围的反应包括接近或回避。接近行为应该与减少感知风险的感觉有关。一个良好的环境会引起接近行为，这种行为是由快乐、唤醒和支配（Meharabian和Russell，1974）引导的。Chebat等（1995）认为，愉悦感对避免接近行为具有最直接的影响。感受到氛围引起愉悦感的消费者会降低其感知风险的程度。例如，Dubé等（1995）发现音乐会引起愉悦并影响消费者与服务人员进行交流的愿望。

环境心理学最早应用于零售业的研究中。Mehrabian和Russell（1974）的研究框架提出快乐、唤醒和支配可以作为环境因素对行为的情感中介，后被应用于零售环境中的各种研究中。尽管人们普遍承认愉悦和唤醒维度对解释消费者行为的重要性，但支配维度仅获得了有限的经验支持，这促使一些学者提出了原始模型的修订版，不仅限于个体的愉悦（情感效价）和唤醒（Baker等，1992；Robert和John，1982；Donovan等，1994）。这些因素类似于Russell（2003）提出的更一般的情绪框架的维度。然而，其他学者的研究也表明，支配地位确实会影响消费者行为（Hui和Bateson，1991；Van Rompay等，2008；Ward和Barnes，2001）。例如，Van Rompay等（2008）的研究表明，控制感（一种与支配力密切相关的结构）在空间拥挤和购物快感之间起到中介作用，环境因素可能通过限制自由移动和寻路对消费者的反应产生负面影响。在零售环境中，将主导地位（现称为空间控制）更狭义地定义为客户可以参与或完成目标实现所需的交互程度是合适的。因此，空间控制的重要性应该随着消费者首先完成特定购物任务的程度而有所不同；有时购物之旅可能是出于对特定产品的需求，有时进入商店时可能并没有考虑购买产品。关于唤醒，Berlyne（1976）提出的关于唤醒和偏好之间关系的经典著作在零售环境中也很有用。例如，Robert和John（1982）的研究结果表明，唤醒是购物享受和购买行为的重要决定因素。一般来说，与过度刺激（导致压力和信息过载）或低水平刺激相比，客户更喜欢中等水平的刺激（唤醒）。然而，高唤醒并不总是对消费者反应有害。例如，Sherman等（1997）的研究表明，在时装店中，唤醒可能会增加购买意愿和消费行为。显然，高唤醒有助于消费者在享乐或休闲服务（如酒吧）中明确重视刺激和唤醒的体验。因此，在这些环境中，客户可能会重视引起唤醒的刺激，例如醒目的色彩和刺激的音乐。这些研究结果表明，空间控制和唤醒对情感体验和行为的影响不仅取决于消费者目标的性质，而且取决于客户是否开始接受特定的购物任务。根据特定的情境，环境因素可能对购物者的情感体验和行为产生积极或消极的影响。在刺激的感知中，由于人脑通过视觉来理解和表达意义的能力明显优越于其他感官，视觉因素的侧记，如颜色、明亮程度等相比于其他感官因素对消费者的影响更大（Ozkul等，2019）。而颜色是与视觉相关的主要元素之一，其对人们的情绪、感觉和感知有重大影响（Lee等，2018；Norris，2018）。

2）房源公共空间环境呈现对共享住宿消费决策的影响

共享住宿内的物理环境会影响消费者的行为决策。Kotler（1973）创造了“氛围”一词来描述对环境线索的有意控制和操纵。由于服务的无形性，在购买行为产生前，服务几乎没有搜索属性，主要以经验和信任属性为特征。由于搜索属性数量的减少，消费者购买前对风险的感知增加。因此，为了减少感知风险的程度，服务公司可以有效地呈现服务环境，并管理环境氛围元素以增加服务环境中的信息量，这反过来也增加了消费者可用的产品搜索属性的数量，为消费者更好地了解产品提供帮助。服务环境可能很复杂，并且充满了许多线索，其中一些是有意识的，而另一些可能是无意识的。直接的环境展示为消费者提供直接的产品信息线索，而环境氛围的增加也为消费者在进行购买决定之前增加可获得的信息线索的数量（Winsted，1999；

Arnould和Diebler，1995）。Turley和Milliman（2000）发现了环境氛围的操纵和购物行为之间存在显著关系，这表明消费者确实会对这些环境中的氛围刺激有反应。

消费者经常对氛围中的微小变化有反应，即使他们没有意识到这一特定元素（Turley和Milliman，2000）。已有研究表明，视觉刺激，如颜色、照明、空间、人工制品以及布局和设计会影响消费者如何看待这里的服务，影响消费者感知的服务质量及随后与购买相关的行为（Van Rompay等，2012）。颜色被认为是最有影响力的环境变量之一（例如，Countryman和Jang，2006），且研究表明，线上暖色调的图片会促进消费者的购买行为（池毛毛等，2020）。零售业的相关研究发现，消费者对店内的环境会产生反应，例如颜色和陈列品等，并会进一步影响其购物动机及购买行为（Van Rompay等，2012）。酒店领域的研究表明，酒店的社交氛围，如温度、光线、气味、背景音乐等因素会影响消费者的情绪、感知及停留在该环境内的消费时长、消费金额和重游率等（Bitner，1992；Mattila和Wirtz，2001；Zemke，2007，2008；Lee等，2018；Norris，2018）。尽管现有研究已经证实了环境因素对消费者决策的重要作用，但在线消费情境中，环境的呈现如何影响消费者的决策行为还未被深入探讨。在共享住宿环境中，房东及消费者分享的公共空间可以促进人与人之间的社交互动（Pellegrini和De Canio，2019），且这些社交情境已成为共享住宿“社会集约化的场所”，公共空间的提供也是共享住宿与传统酒店最大的区别之一（Kennedy，2016）。因此，本研究将共享住宿房源的公共空间环境作为共享住宿呈现的物理有形性线索，而公共空间的氛围可以代表共享住宿呈现的物理有形性线索质量。基于如上研究，本书提出研究假设：

H1：共享住宿的物理有形性线索对消费者共享住宿消费决策存

在积极影响

2.4.3 心理有形性线索对共享住宿消费决策影响的理论基础及相关研究

1）社会渗透理论

由Altman和Taylor（1973）提出的社会渗透理论揭示了信息交换在发展和解决人际关系中的作用。根据这一理论，人与人建立联系的过程（即将关系从肤浅转变为更深层次、风险更小和更信任的关系）很大程度上取决于个体如何有目的地向他人透露个人信息（Derlega等，1993）。社会渗透理论已应用于各种社会环境的关系中，如浪漫关系、友谊关系（Collins和Miller，1994；Derlega等，2008）以及商业关系（Hwang等，2015；Söderlund，2020）。相关研究强调了社会渗透理论在解释个体在共享平台上向陌生人透露个人信息时，自我展露对增加社会支持和在线关系中的联系感的适用性和相关性（Huang，2016；Utz，2015）。

社会渗透理论认为，当两个个体互相向对方展示自己，到达双方的“核心自我”时，即达到了人性中最脆弱的部分时，这时双方的关系就会变得更深、信任感会增强、风险会更小（Carpenter和Greene，2015）。社会渗透理论描述了四个主要的自我表露层次：（1）表面层，包括“十分浅显的信息”（例如，最喜欢的衣服或音乐）；（2）中间层，包括一般的社会和政治观点；（3）内层，包括价值观和情感（例如，恐惧、希望）；（4）核心人格，反映一个人最脆弱的信息（Carpenter和Greene，2015）。与之类似，Reis和Patrick（1996）区分了描述性自我展露（即揭示个人事实和信息）和评价性自我展露（即分享私人感受、意见和判断）。涉及价值观、情感和感受的自我披露，位于自我定义的核心，允许接收者支持和确认展露者对自我的看法的核心部分（Laurenceau等，1998）。高水平的自我展露有助于在关系中产生亲密感，这是关系成功的基础（Sprecher和Hendrick，2004）。一个被广泛认可的观点是，人际关系的发展需要在交换信息时采取互惠的行为（Altman和Taylor，1973）。当一个人收到另一个人的个人信息时，他会感到有义务在同一水平上透露自己的一些事情（Taylor和Altman，1975）或继续使用某品牌或服务（Hwang等，2015）。相关研究已应用社会渗透理论来检验如何在共享经济背景下通过自我展露建立消费者的信任感并降低风险（Tran和Paparoidamis，2022）。

2）房东的自我展露对共享住宿消费决策的影响

房东是影响消费者在共享住宿中体验的重要因素。房东的属性，如房东的可信任程度、网站上是否有房东的照片等因素会很大程度地影响消费者的购买意愿（Ert等，2016；Ert和Fleischer，2019）。Jaeger等（2019）的研究表明，房东照片的吸引力会提高Airbnb的房价；Barnes和Kirshner（2021）的研究通过深度学习方法进一步说明了房东的吸引力会提升5%的房价。

自我展露被认为是在线平台用来表达卖家真实性的一种自我品牌技术（Gannon和Prothero，2016）。Zhao等（2008）的研究发现，在线身份大多是以隐式而非显式的方式构建的，而网络身份的隐含结构是指上传到个人页面的图片和视频。具有高度自我披露的个人资料图片显示了某人的完整身份（例如，面部可见度、直接目光接触、面部表情等）。相反，出于线上环境的隐私问题，人们可能决定展露较少的基于视觉的个人身份的信息（例如，没有清晰的面部可见性，没有眼神接触）。Schmidt和Cohn（2001）的研究表明，面部表情是社交互动中必不可少的刺激因素，特别是在建立人与人之间的关系或预订Airbnb上的共享住宿时。Fagerstrøm（2017）等的研究也支持了这一观点，他们的研究发现房东的面部形象和表情对游客预订共享住宿的意图产生影响，缺少面部图像和带有愤怒面部表情的图像会引起买家的回避倾向，从而导致预订的可能性降低。Kim等（2008）进行的实证研究检验了信任和风险对消费者在线购物决策的影响。信任和风险都对消费者决策产生重大影响，会直接或间接地影响购买决策。在线购物的信任基于交易过程，以共享住宿的预订为例，当消费者看到房东真实的头像时，会增加对房东及该房源的信任感，会积极影响消费者的购买决策。因此，基于如上研究，本书将共享住宿房东的自我展露作为共享住宿呈现的心理有形性线索，而房东的自我展露的程度可以代表共享住宿呈现的心理有形性线索质量。本书提出研究假设：

H2：共享住宿的心理有形性线索对消费者共享住宿消费决策存在积极影响

2.5 社交在共享住宿决策情境中的相关研究

2.5.1 共享住宿公共空间环境对消费者社交意愿的影响

环境心理学相关文献表明，环境美学会为人们带来更多放松和治愈的体验（Van Hoof等，2010），并会促进人们参与更多社交活动（Graham等，2015；Israel，2003；Werner等，1985）。研究表明，城市里绿地的设计会促进人们的社交行为（Rasidi，2012，2018）。而进一步的研究发现，环境的氛围决定了环境的质量。在零售业相关文献中，研究人员注意到氛围会影响消费者对商店形象的感知。Sherman等（1997）注意到氛围已经成为一个创造愉快环境主要的形象变量。

环境氛围在服务业领域也至关重要（Kotler等，1973）。氛围具有帮助消费者对服务产品进行主观评价的手段。氛围由构成服务体验的有形元素（建筑、地毯、固定装置）和无形元素（颜色、音乐、温度、气味）组成。这两个元素对于创造服务体验都是必不可少的。因此，氛围变量成为交融和传递过程的重要组成部分。环境氛围可以引起各种情绪反应，也影响消费者与服务提供者的真实互动（Machleit和Eroglu，2000；Foxall和Greenley，1999；Darden和Babin，1994；Robert和John，1982；Mehrabian和Russell，1974）。一些研究调查了服务环境中氛围变量的影响。例如，在银行播放音乐会影响消费者与银行人员建立联系的愿望以及相互关系（Dubé等，1995）。

物理环境（交流场所或物理空间条件）是创造社交氛围的重要条件（Rutkowski等，2004），而社交氛围会影响消费者的社交意愿（Bitner，1992；Mattila和Wirtz，2001；Zemke，2007，2008）。消费者对一组环境刺激的反应被描述为接近行为或回避行为。消费者接近和回避的行为和结果可以通过四种方式的任意组合来展示：（1）留下（接近）或离开（回避）的愿望；（2）进一步探索和互动的愿望（接近）或忽视它的倾向（回避）；（3）渴望与他人交流（接近）或忽视（避免）；（4）对服务体验的满意（接近）或失望（回避）感觉（Turley和Milliman，2000；Bitner，1992；Robert和John，1982）。

关于酒店业的研究表明，物理环境是酒店客人体验的重要感知维度之一（Walls等，2011），构成物理环境的关键要素包括氛围、多感官、空间和功能以及标志、符号或工艺品。作为体验密集型服务，P2P住宿的环境因素对于塑造客户体验至关重要（Walls，2013）。有研究表明，与传统酒店相比，共享住宿中的社交氛围会促使游客产生“家一样的感觉”并提升幸福感（Suess等，2020）。研究表明，住宿的物理环境，如颜色、光线、气味等社交氛围因素会影响消费者停留在该环境内的时间，并会促进消费者的社交行为（Bitner，1992；

Mattila和Wirtz，2001；Zemke，2007，2008）。尽管已有研究发现了住宿的物理环境及环境氛围对消费者社交意愿的积极作用，但在线上的消费环境中，房源呈现的物理环境及物理环境体现的氛围对消费者社交意愿的激发未被深入研究。因此，本书将共享住宿房源的公共空间环境作为共享住宿呈现的物理有形性线索，而公共空间的氛围可以代表共享住宿呈现的物理有形性线索质量，并假设共享住宿的物理有形性线索对消费者存在积极影响。

2.5.2 共享住宿房东的自我展露对消费者社交意愿的影响

人们通过上传自拍（自画像）作为头像并分享他们生活中的个人信息（Gannon和Prothero，2016；Marwick，2015；Marwick和Boyd，2011）被认为是一种自我展露或“向他人透露个人信息”的行为（Jourard，1971）。自我展露可以服务于身份验证目的，例如建立或表明身份（Joinson和Payne，2007），建立相互理解（Laurenceau等，1998），并减少不确定性（Tidwell和Walther，2002）。基于社会渗透理论，高水平的自我展露被认为有助于个体在人与人关系中产生亲密感，这是关系成功建立的基础。Agthe等（2011）的研究发现，展现自己的形象，且外在更有吸引力的个体会被认为具有多种积极特征，且会增加他人与其互动的意愿。已有研究发现自我展露在消费平台的重要作用。消费平台的自我展露为消费者建立信任感并降低风险（Tran和Paparoidamis，2022）。Schmidt和Cohn（2001）的研究表明，在预订共享住宿时，面部表情是社交互动中必不可少的刺激因素。最近的研究发现，服务人员的照片呈现会促进消费者与服务人员形成积极的关系，影响消费者与服务人员的社交意愿，并会增加消费者对服务人员的积极评价（Fang，2020）。因此，基于如上研究，本书将共享住宿房东的自我展露作为共享住宿呈现的心理有形性线索，而房东自我展露的程度可以代表共享住宿呈现的心理有形性线索质量，并假设共享住宿的心理有形性线索对消费者存在积极影响。

2.5.3 消费者社交意愿对其消费决策的影响

之前的研究表明，社交属性会影响消费者在线购物场景中的行为（Zhang等，2017；Jamali和Khan，2018）；在传统的消费场景中，现有研究局限于在零售业领域探讨其他消费者的存在对消费者情感和品牌偏好的影响（Argo等，2005）以及产品提供者与消费者的互动对消费者满意度、服务的体验及未来重复购买的影响（Srivastava和Kaul，2014；Chiang，2018；Moon等，2019）。之前虽然有研究提出，消费者之间的社交行为对消费者体验存在影响（Fisher和Byrne，1975；Wu，2007；Huang和Hsu，2010），且面对面的互动是社交行为强度最大的社交形式，对消费者旅游行为决策有着重要的作用（Sunitiyoso等，2011）。然而，对体验性产品而言，服务提供者与消费者的社交行为及消费者之间的社交行为对消费者具体消费决策影响的研究都有所欠缺。根据社会互动理论，社交互动是行为的驱动因素之一（Yin等，2019），且研究表明在社交行为驱动的旅行中旅游时间更长（Axhausen，2008；Van den Berg等，2010）。住宿业领域的研究表明，网站上关于房东的介绍中有突出社交能力、愿意交朋友、同理心及社交联络等方面的内容会增加消费者的购买行为（Han等，2019），并为房东带来更高的收益（Tussyadiah和Park，2018；Nieto García，2020）；消费者与房东的社交行为会促进房东进入市场（Gerwe等，2020）、提升消费者的满意度、忠诚度和再次预订的意愿（Shuqair等，2019；Moon等，2019）。虽然现有研究已经发现了在共享住宿消费环境中，房东展示出社交能力会影响消费者的消费决策行为，但房东信息呈现对消费者消费决策影响的内部机制没有被深入探讨。因此，基于如上研究，本书认为共享住宿房源的有形性线索的呈现对消费者消费决策的影响会受到消费者社交意愿的中介影响，并提出如下假设：

H3：消费者社交意愿对消费者的消费决策存在积极影响

H4：社交意愿在物理有形性线索对消费者消费决策的影响关系中起到中介作用

H5：社交意愿在心理有形性线索对消费者消费决策的影响关系中起到中介作用

2.6　本书理论模型的构建思路

基于文献综述及相关理论的梳理，本书以有形性理论、环境心理学理论及社会渗透理论为理论基础，建立了共享住宿情境下有形性双线索驱动的消费者共享住宿决策模型。其中，基于有形性理论，本书确定了研究总框架，将共享住宿平台的产品呈现分为物理有形性线索及心理有形性线索，并建立物理有形性及心理有形性双线索对消费者消费决策的影响基础模型。考虑共享住宿平台的特殊属性，在物理有形性及心理有形性双线索对消费者消费决策的影响路径中，我们又对每条影响路径的单独影响进行了详细分析。在物理有形性线索中，本研究基于环境心理学理论，将房源公共空间环境的呈现作为物理有形性线索，探讨房源公共空间这一物理线索对消费者共享住宿决策的影响，并探讨社交意愿在模型中的中介作用；在心理有形性线索中，本书基于社会渗透理论，将房东的自我展露作为心理有形性线索，分析心理有形性线索对消费者共享住宿消费决策的影响，并探讨社交意愿在模型中的中介作用。在后续的研究中，本书会对此基础研究模型进行延伸和扩展，进一步探讨有形性线索存在及有形性线索呈现质量对模型影响的差异、消费者不同类型消费决策的模型结果差异、消费者与不同对象的社交意愿在模型中的中介作用差异及消费者个人因素对模型产生的调节作用。图2-1展示了本书基础研究模型图，表2-1展示了变量影响关系的理论基础。

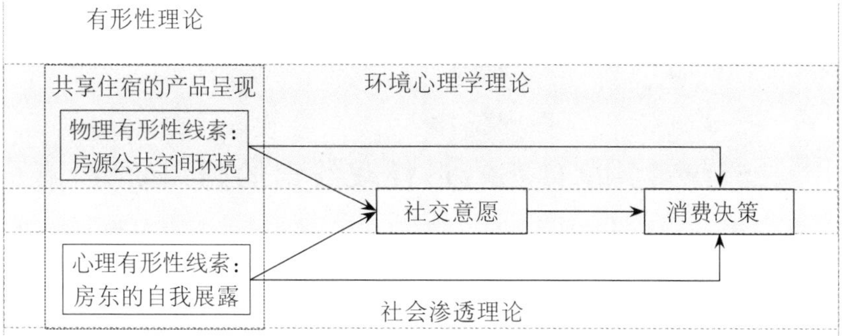

图2-1　本书基础研究模型图

表2-1　变量影响关系的理论基础

变量间关系	理论基础
有形性线索→消费者社交意愿→消费者消费决策	有形性理论
物理有形性线索→消费者社交意愿→消费者消费决策	环境心理学理论
心理有形性线索→消费者社交意愿→消费者消费决策	社会渗透理论

3

消费者共享住宿有形性双线索的感知研究

3.1 研究概述

本章首先基于游客真实共享住宿在线平台的评论数据，结合数据的清洗及预处理、文本数据向量化等技术，建立游客在线评论词向量库，分析评论数据中的高频词并绘出词云图，直观地理解游客关注共享住宿的重点内容。其次，通过LDA线性判别分析等大数据方法，基于困惑度指数确定了适合词库的主题数，并识别了游客在共享住宿体验中关注的重点主题。再次，基于PyLDAvis算法探讨了主题间的关系并可视化呈现了主题间的相关性，对每个主题的内涵进行了深入分析，并对主题分布的概率进行了比较。最后，本章基于K-Means无监督聚类算法对主题的聚合效果进行了稳健性检验。本章对环境因素、房东因素及社交因素在游客共享住宿有形性线索感知中的作用进行了深入分析，对建立共享住宿决策模型中加入的变量的合理性提供了数据分析支持，为后续研究奠定了基础。

3.2 数据集和样本

本章从共享住宿网站Airbnb上收集了中国大理的在线平台数据。作为全球最大的共享住宿平台，Airbnb于2015年进入中国市场，且在短时间内取得了迅速发展。从2020年1月中国主要民宿预订App覆盖渗透率来看，Airbnb凭借品牌优势，其App覆盖渗透率显著高于同类型App（Iimedia，2021）。因此，选择Airbnb作为本章数据收集的共享住宿平台具有代表性。选择大理作为共享住宿房源目的地的原因是大理共享住宿发展时间早、房源数量多，在全国共享住宿的发展中处于领先地位，具有代表性。本章收集了2021年10月前在Airbnb平台上的大理共享住宿房源所有可获得的数据，最终收集到270家房源的基本信息以及清洗后的可使用的游客评论数据23 674条。

3.3 研究方法

3.3.1 LDA线性判别分析模型

本章使用的方法是LDA（Latent Dirichlet Allocations）线性判别分析方法。LDA模型又称三层贝叶斯概率模型，是一种无监督学习的算法。LDA主题建模是一个自动挖掘文本对象中存在的隐含主题信息并导出文本语料库中显示的隐藏主题的过程。LDA是目前最常用的主题建模技术和生成概率模型之一，用于发现离散数据（例如文本书档）中的潜在主题（Blei等，2003）。LDA假设文档是由混合主题产生的，这些主题根据它们的概率分布生成词组。在给定一个文档数据集后，LDA会确定哪些主题首先解释了这个文档以及这个主题包括了哪些关键词。例如，如果LDA模型识别出“房间”为某个文档的一个主题，那么“房间”这个主题很可能包括“床”“卧室”“干净”“整洁”等关键词，LDA可以通过统计方式识别出一个文档中包含的混合主题。

3.3.2 K-Means无监督聚类算法

算法是一种基于欧式距离的无监督聚类算法。K-Means算法的基本思想是，针对某个数据集D（X_1，X_2，…，X_n），在给定聚类数K（$K<N$）的条件下，将数据集D（X_1，X_2，…，X_n）聚类为k

（$k<n$）个子类别 $S=(S_1, S_2, \cdots, S_k)$，并计算误差平方和的最小值（Kanungo等，2004）。在目标函数中，C 表示聚类的中心，如果 x 属于 C_i 这个类别，那么 x 与聚类中心的欧式距离就是通过计算所有观测样本到其聚类中心的距离加总后计算出的目标函数 SSE 的最小值。

3.4 研究过程

图3-1展示了本章研究的文本分析技术流程。本章在收集到游客共享住宿在线平台数据后，提取出游客的在线评论数据，并对数据进行清洗及预处理，建立游客在线评论数据用户评论语料库，并对文本信息进行向量化处理，形成包含特征词向量空间矩阵的在线评论词向量库，为LDA主题建模做准备。之后，进行LDA主题建模工作，首先基于机器学习困惑度指数的计算，确定LDA识别的主题数。然后，将确定的主题数带入LDA模型进行建模，得到识别出的主题及主题包含的特征词。接着，基于主题高频特征词包含的内容，人工归纳主题的名称，得到各主体的名称及高频特征值。最后，基于PyLDAvis算法分析结果，绘制评论主题分布图，并通过K-Means无监督聚类算法检验主题间的聚类效果，判断主题的分布情况、主题间的关系及各主体的概率占比，探讨游客共享住宿体验的关注重点。

3.4.1 数据清洗和预处理

为生成有意义的主题模型，在分析数据前需要对数据进行清洗和预处理。我们首先去除评论中的非中文词汇及无意义词汇（例如房源的名称、房源的网址等），这些词不包含与评论主题相关的信息内容。

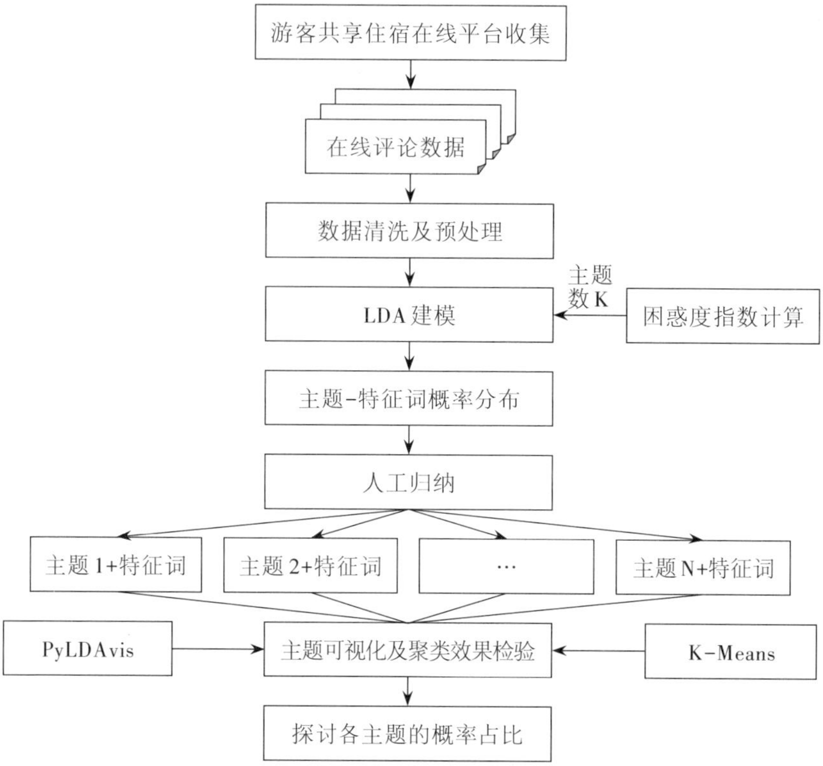

图3-1　文本分析技术流程图

其次，对词汇进行分词，将文档中的句子转换为词语。再次，删除评论中的标点符号和停用词，因为这些停用词对于主题模型来说是没有意义的，在百度基础停用词的基础上增加了人工添加的停用词。最后，增加一些中文表达的口语词汇和流行词汇，使机器可以更加准确地识别一些新词汇的意思。经过清洗和预处理，一段评论会变成分开的词组，用自然语言工具包实现数据清理和预处理步骤，形成共享住宿评论词库。

经过清理和预处理，本章建立了所有文档中文本信息组合的共享住宿游客在线评论数据用户评论语料库。接着，对文本中的词组进行向量化处理，用于进一步统计分析，进行数学模型运算，最终将文本信息转换成向量信息，形成包含特征词向量空间矩阵的在线评论词向量库（Manning等，2008）。

3.4.2 主题数的确定

主题建模时，在应用LDA提取主题和特征词之前，一项重要的任务是确定主题提取的数量。确定LDA主题提取数量的方式多样，目前研究人员使用的一种主流方式是用困惑度指数来确定主题数量，因为这样可以在给定参数的情况下观察样本保留的可能性（史达等，2022）。本章通过困惑度模型算法，分析了用户评论数据库不同主题下的困惑度指数，如图3-2所示，当评论主题数从5个变为6个时，困惑度的指数有了明显下降，且再增加主题数时，困惑度的指数有了上升趋势。由于主题数过多会失去主题建模的意义，结合实际语境的考虑，我们确定了本章使用的在线评论主题数为6个。

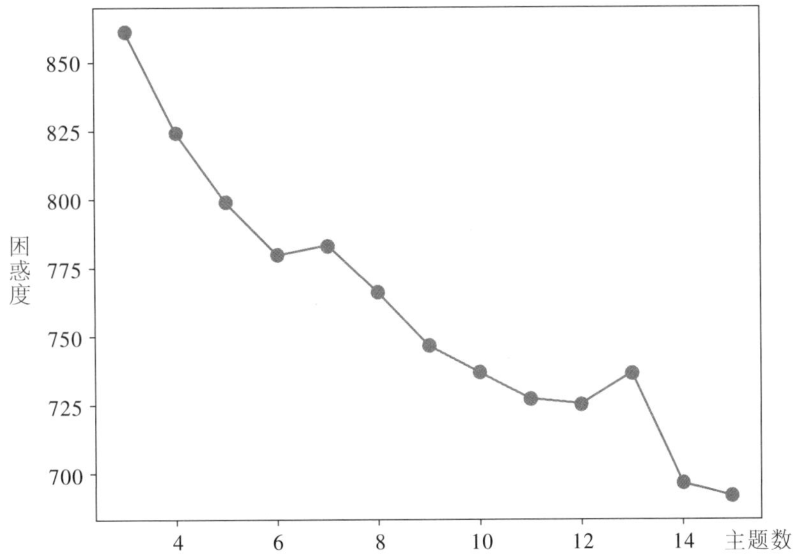

图3-2 共享住宿在线评论的困惑度指数图

3.4.3 主题的提取

LDA主题建模的过程如图3-3所示。在将评论数据经过清理和预处理、词组向量化处理成为包含特征词向量空间矩阵的在线评论词向量库后，本章得到了可以用于LDA建模的游客共享住宿在线评论数据集，将主题数6加入LDA模型，进行主题及主题包含的特征词的提取。为了清晰地展示主题包含的信息，本章选择了每个主题中概率排名前十的特征词汇作为代表该主题的特征词（董爽和汪秋菊，2019）。接着，我们请两名学者对每个主题的特征词进行了人工背对背分析，并在讨论后确定识别出的主题名称，最终形成了6个游客感知共享住宿的主题集合。

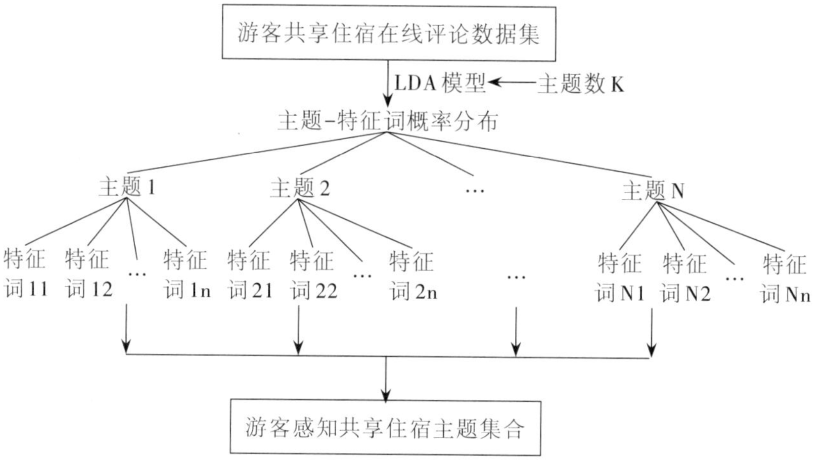

图3-3 LDA主题建模过程图

3.5 研究结果

3.5.1 词频分析

为了更好地了解评论表达的信息，本章首先对评论数据集中词语的词频进行了分析。表3-1展示了共享住宿在线评论数据集分词后按频数筛选从大到小的排序情况（频数大于880的排名前60的特征词）。统计结果发现“房间”“干净”“房东”“老板”“大理”“民宿”“古城”“热情”“洱海”“位置”为词频排名最高的10个词语，其中房间相关词语2个，房东相关词语3个，位置信息词语4个，住宿类型词语1个。“房间”和“房东”（词语“老板”与词语“房东”的表达意思一致）这两个词语的频数相当，占比最多，词频数都超过了一万次。其他高频词汇包括：“舒服”“入住”“推荐”“环境”“喜欢”“满意”“体验”“舒适”“客栈”“房子”“安静”“整洁”“晚上”“早餐”“设施”“服务”“装修”“性价比”“院子”“齐全”“很棒”“卫生”“苍山”“好吃”“可爱”“温馨”“地方”“风格”“贴心”“阳台”“朋友”“很大”“风景”“适合”“住宿”“小姐姐”“图片”“布置”“地理位置”“玩”“值得”“交通”“出行”“漂亮”“提供”“设计”“建议”“免费”“开心”“帮忙”等。这些词语涉及共享住宿的环境、服务、社交、设施、体验、性价比、位置等多个维度。

表3-1　　　　**共享住宿在线评论高频特征词**

特征词	房间	干净	房东	老板	大理	民宿	古城	热情	洱海	位置
词频	12 979	7 172	6 350	5 543	4 968	4 861	4 612	4 301	4 242	4 237
特征词	舒服	入住	推荐	环境	喜欢	满意	体验	舒适	客栈	房子
词频	3 913	3 709	3 692	3 223	3 062	2 843	2 671	2 531	2 337	2 328
特征词	安静	整洁	晚上	早餐	设施	服务	装修	性价比	院子	齐全
词频	2 284	2 275	2 261	2 256	2 252	2 248	2 135	2 119	2 099	1 993
特征词	很棒	卫生	苍山	好吃	可爱	温馨	地方	风格	贴心	阳台
词频	1 849	1 747	1 723	1 717	1 682	1 564	1 415	1 340	1 326	1 311
特征词	朋友	很大	风景	适合	住宿	小姐姐	图片	布置	地理位置	玩
词频	1 251	1 203	1 137	1 089	1 082	1 068	1 041	1 037	1 030	1 022
特征词	值得	交通	出行	漂亮	提供	设计	建议	免费	开心	帮忙
词频	1 015	1 014	987	941	919	910	904	903	886	882

3.5.2 词云图

为了更直观地展现评论表达的信息，本章基于评论中词汇的词频进行了词云图的制作。图 3-4 为根据共享住宿在线评论语料库的词频统计结果绘制的词云图。从词云图结果可见，词语“房间”“干净”“房东”“老板”“大理”“民宿”“古城”“热情”“洱海”“位置”字体较大，词语的内容涉及房间、房东（老板与房东的词汇表达意思一致）、位置、住宿类型等维度。“房间”、“房东”及“老板”词汇累计的字体面积在图中的占比很大。其他在图中占比大的词语包括“舒服”“入住”等多个维度。

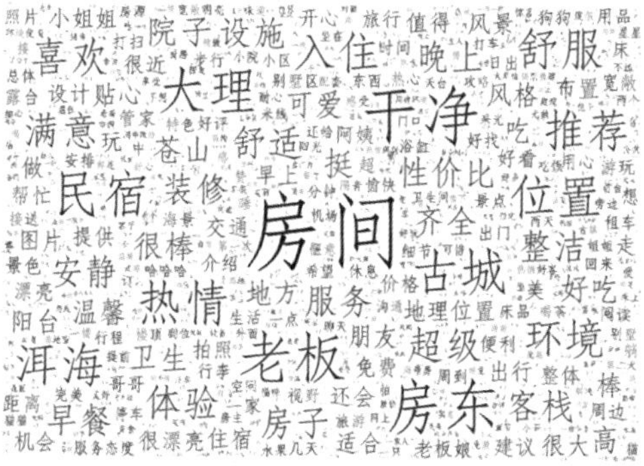

图 3-4　共享住宿在线评论的词云图

3.5.3 基于LDA的评论主题识别

基于困惑度指数确定 6 个主题的 LDA 主题建模的结果如表 3-2 所示。表现好的主题模型不仅由可衡量的统计指标决定，还取决于每个主题的合理性和可解释性。因此，在确定主题的名称时，本章除了考虑主题中的特征词的内涵，同时也考虑了词语间的逻辑关系。LDA 允许一些词语出现在多个主题中，所以可能存在不同主题中有相同词语的可能性，在这种情况下，本章通过其他词语及词语间的逻辑关系确定主题的名称。比如“房东”一词出现在主题1、主题2中和主题4中，我们通过该词的概率比重、主题内其他词汇更多想表达的意思和词汇间的逻辑关系来最终确定主题的名称。另外，“房间”一词在几个主题中都出现，原因在于其本身就是词频很高的词汇，在这种情况下可通过主题内的其他词汇及其他词汇与该词的逻辑关系确定主题的名称。

表3-2　　基于LDA的共享住宿在线评论主题分布

No	主题1环境		主题2社交		主题3体验		主题4房东		主题5房间		主题6性价比	
	特征词	概率	特征词	概率	特征词	概率	特征词	概率	特征词	概率	特征词	概率
1	洱海	0.019	古城	0.027	干净	0.045	房东	0.039	舒服	0.03	性价比	0.039
2	房间	0.014	老板	0.02	房间	0.04	老板	0.035	房间	0.03	超高	0.024
3	民宿	0.012	房东	0.018	满意	0.033	热情	0.031	装修	0.026	阳光	0.023
4	大理	0.011	大理	0.017	齐全	0.03	房间	0.027	喜欢	0.025	超棒	0.023
5	院子	0.011	客栈	0.015	设施	0.027	很棒	0.026	风格	0.023	还来	0.022
6	阳台	0.01	可爱	0.015	整洁	0.026	体验	0.025	安静	0.02	落地窗	0.021
7	房东	0.009	热情	0.014	服务	0.025	超级	0.023	干净	0.02	价格	0.021
8	喜欢	0.009	位置	0.013	卫生	0.025	老板娘	0.021	休息	0.017	厨房	0.021
9	苍山	0.009	房间	0.012	舒适	0.024	干净	0.019	采光	0.017	态度	0.021
10	晚上	0.008	民宿	0.011	环境	0.024	房子	0.019	很漂亮	0.016	停车	0.019

在两名学者背靠背对主题进行命名并探讨后，本章最终基于LDA主题识别确定了6个主题，并分别命名为：主题1“环境”、主题2“社交”、主题3“体验”、主题4“房东”、主题5“房间”及主题6“性价比”。主题1“环境”的特征词包含了“洱海”“大理”“院子”“阳台”等词语，这些词语的内容大多与共享住宿的外在环境与内在环境相关，说明游客不仅关注共享住宿房间的内

在环境，同时也关注房间以外的环境。值得注意的是，“院子”“阳台”等与公共社交空间相关的词语也在主题1“环境”的代表特征词中占比较大，说明游客关注到了共享住宿社交环境的作用。主题2“社交”的特征词包含了“古城”“老板”“房东”“可爱”“热情”“客栈”“民宿”等词语，这些词语的内容大多和游客在共享住宿的环境中与房东的社交体验相关，主题4“房东”包含了“房东”“老板”“老板娘”“热情”“很棒”“体验”等词汇，这些词语大多和游客在共享住宿中与房子的老板、老板娘的社交互动相关。可以看到主题2“社交”和主题4“房东”的特征词都涉及了“房东”“老板”等特征词，但主题4“房东”的特征词主要体现了房东的个人属性，说明游客很关注共享住宿中房东的热情程度，这影响了游客在住宿过程中的整体体验和评价。而与主题4“房东”相比，主题2“社交”的特征词中多了与社交环境的相关词语，说明游客关注到了在共享住宿中与房东或老板的社交体验，且游客在社交体验中除了关注房东或老板的个人魅力外，也同样关注社交环境的属性。主题3“体验”的特征词包含“干净”“房间”“满意”“齐全”“设施”“整洁”“卫生”“服务”“舒适”“环境”等词语，这些词语大多与游客在共享住宿的体验相关，说明了游客比较关注共享住宿整体的住宿体验，这些体验包括房间内的体验，房子的整体环境是否干净、整洁、卫生，设施是否齐全、先进，整体感觉是否舒适等方面。主题5“房间”的特征词包含了“舒服”“装修”“喜欢”“风格”“安静”“休息”等词语，这些词语大多与游客在共享住宿房间内的感受相关，这说明了游客关注共享住宿房间的装修风格、隔音效果、房间内是否安静以保证其休息、房间内整体体验是否舒适等。主题6“性价比”的特征词包含了“性价比”“超高”“价格”“超棒”“还来”“阳光”“落地窗”

“厨房”“停车”“态度”等词语，这些词语大多与共享住宿的价格、个人体验及性价比相关，这说明了游客关注到了共享住宿提供的设施及服务是否与共享住宿的价格成正比，具体包括对共享住宿中是否有落地窗、房间的阳光是否充足、房源有无停车的位置及房东的服务态度等方面的评价，说明游客关注在共享住宿中是否感知到物超所值。

3.5.4 评论主题的关系及可视化

为进一步探讨共享住宿在线评论各主题的占比权重、主题间的关系并可视化，本章基于PyLDAvis算法，建立了评论主题关系图，探讨了主题间的关系及占比。图3-5为共享住宿评论主题间的关系图，从图中可以看出，主题1“环境”、主题2“社交”与主题4“房东”的关系比较紧密，主题4“房东”有一大部分包含于主题2“社交”之中，这与我们之前在主题确定时的分析一致，房东属性是游客在共享住宿中社交的一个重要组成部分，而社交属性中除了房东因素外，还包括社交环境等因素。主题1“环境”与主题2“社交”有一部分重叠的关系，这同样与我们之前在主题确定时的分析一致，主题2“社交”中包括了房东及社交环境的因素，而主题1“环境”包括了房间的内部环境因素和房间外公共的环境因素，因此，主题1“环境”与主题2“社交”都有社交环境因素的部分。主题5“房间”包含在主题3“体验”中，这与我们之前分析主题特征词的结果一致，游客房间内的体验是游客住宿整体体验的组成部分。主题6“性价比”独立存在，与其他评论主题没有交集。

图3-6展示了主题的分布。其中，主题1“环境”的概率为0.293，占比约为29%；主题2“社交”的概率为0.274，占比约为27%；主题3“体验”的概率为0.164，占比约为16%；主题4“房东”

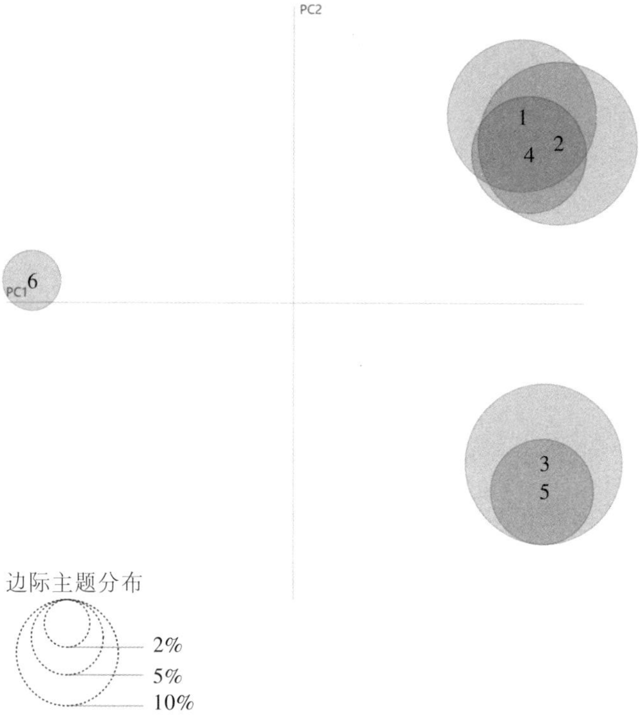

图3-5　共享住宿评论主题关系图

的概率为0.137，占比约为14%；主题5“房间”的概率为0.087，占比约为9%；主题6“性价比”的概率为0.045，占比为约5%。这说明游客最关注共享住宿中的环境及社交属性，其次关注共享住宿的整体体验及与房东的交流感受，再次关注共享住宿中的房间属性，最后关注共享住宿的性价比。而本书关注的共享住宿环境属性、社交属性及房东属性分布在所有主题中占比位列第一位、第二位及第四位，说明环境、社交及房东因素对成功在线预订了共享住宿的游客的影响较大。基于PyLDAvis算法，本章发现主题1“环境”、主题2“社交”与主题4“房东”的关系比较紧密，存在相关关系。因此，本章也证实了消费者感知对共享住宿环境、房东及社交等因素的重要作用。且研究发现环境因素、房东因素及社交存在相关关系，在后续建立共享住宿消费者决策模型时，应关注共享住宿的环境、房东等有形性线索的呈现。

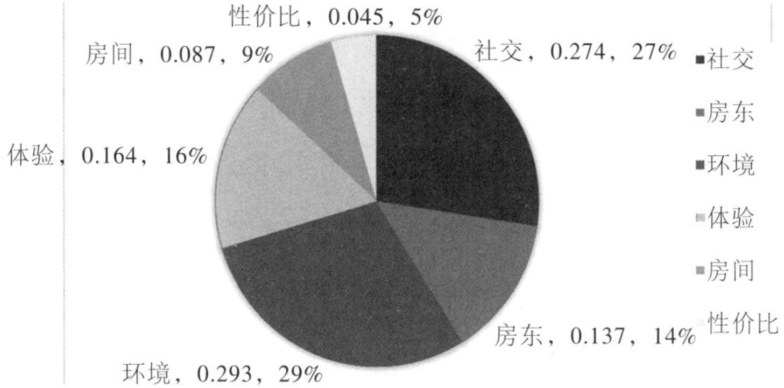

图3-6　共享住宿评论主题分布图

3.5.5　基于K-Means算法对评论主题聚类效果的稳健性检验

为检验评论文本数据在不同主题下的聚类效果，本章基于K-Means无监督聚类算法对文本在不同主题下的聚类结果进行稳健性检验，并可视化呈现了聚类效果。我们首先确定聚类主题数量为6个，确定K-Means通常使用的成分数为2，以捕获最大可能的信息量，并制作二维聚合效果图。首先通过截断奇异值分解（Truncated SVD）函数对评论词向量空间矩阵进行分解，再使用Fit函数对该变换进行拟合，并通过Transform函数将拟合结果应用于原始词向量空间矩阵。最后，通过K-Means算法得到每条评论文本信息在各成分的权重及其所解释的信息占全部内容信息的百分比，基于Plt函数绘制主题聚类效果图。如图3-7所示，不同颜色的点代表隶属于某主题中的评论文本，可以看出评论中6个主题中的文本分布均匀，每条评论在隶属主题下的聚类效果较好。

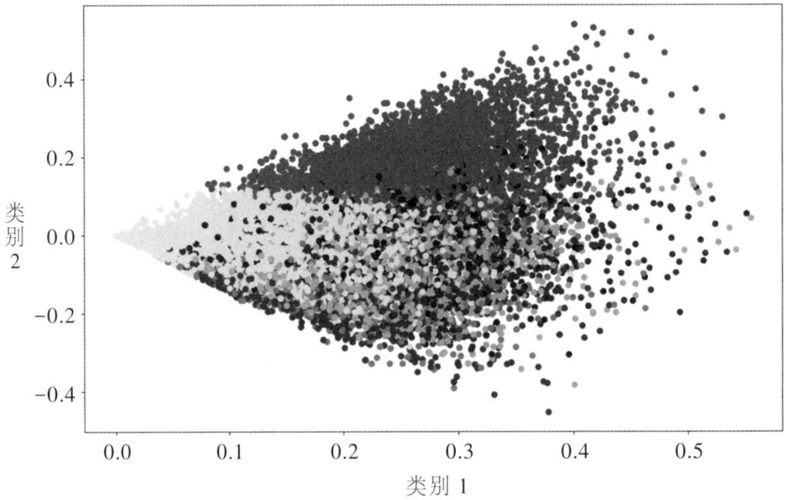

图 3-7　基于K-Means聚类的主题聚类效果图

3.6　结论与讨论

为更好地检验基于文献综述确定的共享住宿有形性线索变量的合理性，并为后续消费者共享住宿决策模型有形性线索变量的选择提供支持，本章探讨了共享住宿独特的环境特点，分析了通过线上方式预订了共享住宿的游客对共享住宿有形性线索的感知，发现了消费者对环境因素、房东因素及社交因素的关注重点，为后续研究模型的建立奠定了基础。

4

物理有形性线索与心理有形性线索对消费者共享住宿决策的影响研究

4.1 研究概述

在第3章的研究中，我们基于游客的评论数据发现，共享住宿的环境因素、房东因素及社交因素对消费者选择共享住宿十分重要，那么消费者在共享住宿平台预订共享住宿时，房源呈现与这些因素相关的物理有形性线索与心理有形性线索是否会影响消费者的决策行为？影响的效果如何？社交意愿又是否会在有形性线索和消费决策的关系中起到影响作用？本章我们旨在基于共享住宿平台真实房源的数据，进一步分析物理有形性线索与心理有形性线索对消费者消费决策的影响。我们通过机器学习等大数据技术对共享住宿平台房源产品的视觉呈现进行了分析，并对产品有形性这一变量细分进行了研究。第一是有形性线索的存在对消费决策的影响研究，第二是有形性线索呈现质量对消费决策的影响研究。研究一探讨了有形性线索是否对消费者消费决策产生影响以及社交意愿在影响中的作用，研究二探讨了有形性线索呈现的质量对消费者消费决策的影响以及社交意愿在影响中的作用。

4.2 研究假设与研究模型

4.2.1 共享住宿有形性线索及社交意愿对消费决策的影响

在研究综述部分我们已经探讨了有形性线索及社交意愿对消费者决策的作用。研究发现，产品的视觉展示会加速消费者购买产品的意愿（Then和Delong，1999），且产品的视觉信息在调用消费者人脑信息处理任务方面优于文本信息，在有形性线索的展示上更有优势

（Speier，2006）。研究表明，有形性线索的呈现质量存在差异。在视觉有形性线索的展示上，大尺寸的图像展示会进一步促进消费者的购买意愿（Kim和Lennon，2000）；而视觉刺激，如颜色、照明等因素也会影响影响消费者感知环境的质量及与购买相关的行为（Van Rompay等，2012）。住宿业领域的研究发现，环境的氛围，如温度、光线、气味、背景音乐等因素会影响消费者的情绪、感觉和感知，以及停留在该环境内的消费时长、消费金额和重游率等（Bitner，1992；Mattila和Wirtz，2001；Zemke，2007，2008；Lee等，2018；Norris，2018）。共享住宿的相关研究发现房东的面部形象会对消费者在共享住宿中的消费意愿产生影响，缺少面部图像或给人带来不适的面部表情图像会引起买家的回避倾向，从而导致预订的可能性降低（Fagerstrøm等，2017）。在物理有形性和心理有形性的选择、基于传统房源图片和服务提供者的基础上，为更好地判断不同房源的呈现，本章突出共享住宿社交属性，将房源公共空间的呈现作为共享住宿物理有形性线索的呈现，将房东的自我展露作为共享住宿心理有形性线索的呈现。根据社会互动理论，社交互动是行为的驱动因素之一（Yin等，2019），研究发现社交属性会影响消费者在在线购物场景中的行为（Zhang等，2017；Jamali和Khan，2018）。基于之前的研究发现，本章假设有形性线索呈现的质量对消费者决策存在影响，消费者的社交意愿对消费者决策存在影响。基于研究综述的探讨，我们将环境氛围好的公共空间图片作为高质量的有形性线索呈现，将房东自我展露程度高的图片作为高质量的心理有形性呈现，具体提出如下假设：

H1a：房源公共空间的呈现对消费者的决策有积极的影响作用

H1b：房源公共空间的氛围呈现对消费者的决策有积极的影响作用

H2a：房东的自我展露对消费者的决策有积极的影响作用

H2b：房东的自我展露的程度对消费者的决策有积极的影响作用

4.2.2 社交意愿在共享住宿有形性线索对消费决策影响中的中介作用

在研究综述部分，我们探讨了有形性线索对消费者消费意愿的影响，也探讨了社交在共享住宿消费者决策中的作用。个体在接收到共享住宿产品的物理有形性线索及心理有形性线索时，会先对刺激进行信息加工，再激发行为上的反应。已有研究发现，房源公共空间属性及房东相关属性对社交意愿存在影响。存在物理环境（交流场所或物理空间条件）是激发消费者社交意愿的基本条件（Rutkowski等，2004），而环境的氛围会影响消费者的社交意愿（Mattila和Wirtz，2001；Zemke，2007，2008）。环境心理学相关研究发现，氛围好的环境会为人们带来更多放松和治愈的体验（Van Hoof等，2010），并会使人们产生更多的社交意愿（Graham等，2015；Israel，2003；Werner等，1985）。进一步的研究发现，视觉呈现是体现环境氛围的重要方式。颜色和光线会影响消费者停留的时间感知、情绪及社交意愿（Acking和Kuller，1972；Lee等，2018；Bilgili等，2020）。研究发现，暖色比冷色更适合环境的设计（Lee等，2018），营造明亮的氛围会提升消费者的社交意愿（Rahmatabadi等，2011）。

通过上传自拍作为头像并分享他们生活中的个人信息（Gannon和Prothero，2016；Marwick，2015；Marwick和Boyd，2011），被认为是一种自我展露或“向他人透露个人信息”的行为（Jourard和Jaffe，1970）。服务提供者的自我展露可以服务于身份验证，如建立可信任的身份（Joinson和Payne，2007），加强相互理解（Laurenceau等，1998），并减少不确定性（Tidwell和Walther，2002）。研究发现，房东的自我展露对消费者选择共享住宿的影响很大（Liang等，2017），房东头像中照片的面部表情及图片的大小是刺激消费者产生社交意愿必不可少的因素，会促进消费者与房东之间建立信任关系（Schmidt和Cohn，2001；张乐，2019），也会促进消费者选择共享住宿。有研究发现，服务人员的照片的呈现会影响消费者与其社交的意愿（Fang，2020）。因此，基于以上研究，本章假设社交意愿在共享住宿有形性线索对消费者决策的影响中起到中介作用、在共享住宿有形性线索呈现的程度对消费者决策的影响中起到中介作用，具体提出如下研究假设：

H4a：社交意愿在房源公共空间的呈现对消费者消费决策的影响关系中起到中介作用

H4b：社交意愿在房源公共空间呈现的氛围对消费者的消费决策的影响关系中起到中介作用

H5a：社交意愿在房东的自我展露对消费者的消费决策的影响关系中起到中介作用

H5b：社交意愿在房东的自我展露的程度对消费者的消费决策的影响关系中起到中介作用

4.2.3 其他影响消费者决策的因素

虽然本章的研究重点在于物理有形性及心理有形性的视觉呈现对消费者消费决策的影响，但已有研究也发现了物理有形性及心理有形性的文本线索呈现对消费者决策同样具有积极的影响作用（Stafford，1996）。同时，住宿业的相关研究已经深入探讨了多种因素，如房东是否为超级房东、评价得分、共享住宿的价格等指标对消费者决策的影响。超级房东（Superhost）是Airbnb平台衡量房东可信度的重要指标。“超级房东”资格每三个月被Airbnb平台自动评估一次，房东必须满足以下条件才能获得并保留资格：（1）他们每年至少应收到十次预订；（2）他们必须快速回复客人并保持至少90%的回复率；（3）他们应该满足大多数客人的要求并获得80%以上的五星级评价；（4）他们很少隐瞒已确认的预订（Airbnb，2016a）。之前的研究发现，高评分的房源会增强消费者预订该房源的意愿，且房东是否为“超级房东”也会对共享住宿消费者体验和决策行为产生影响，“超级房东”体现的信任感会增加个体与陌生人进行初次社交的意愿（Wu等，2010；Mittendorf和Ostermann，2017），并会促进消费者在共享平台上的预订数量，提升共享住宿房源的收益及消费者的评价，但房源的价格对不同类型的消费者消费决策的影响存在差异（Xie和Mao，2017；Sainaghi等，2021；Liang等，2017；Ert和Fleischer，2019；Yao等，2019）。因此，虽然物理有形性及心理有形性的文本线索呈现、房源的价格、房东是否为超级房东、房源的评价对消费者决策的影响不是本书的研究重点，但基于这些变量对消费者决策存在影响作用，我们将这些因素作为控制变量纳入研究模型进行分析。

4.2.4 研究模型

基于研究假设，本章建立了两个模型图，模型图4-1为有形性线索的存在对消费者决策的影响模型，并考虑消费者的社交意愿的中介影响作用。模型图4-2为有形性线索呈现的质量对消费者决策的影响模型，并考虑消费者社交意愿的中介影响作用。同时，我们在两个模型中都控制了房源的价格、房源的评分、房东是否为超级房东、房源的文本介绍及房东的文本介绍等其他可能影响消费者决策的因素。

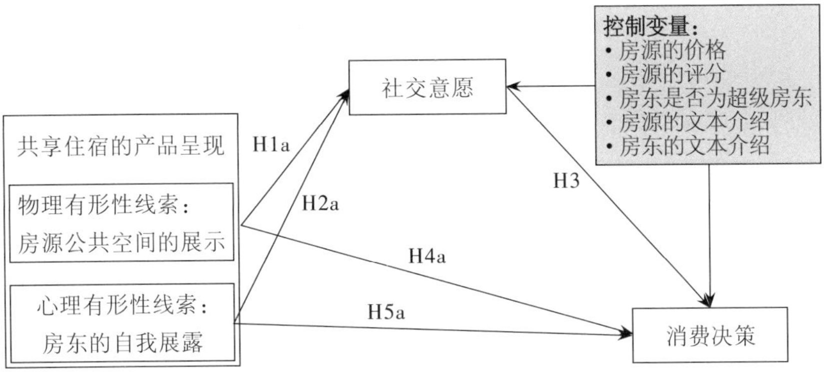

图 4-1　有形性线索的存在对消费者决策的影响模型

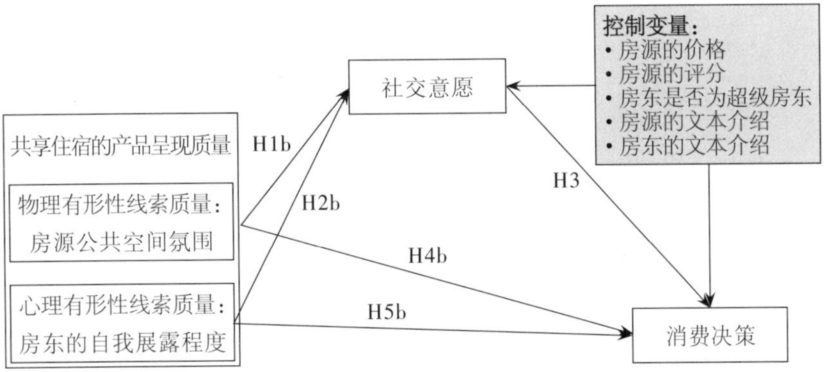

图 4-2　有形性线索呈现的质量对消费者决策的影响模型

4.3　数据收集

本章研究数据收集的方式与第 3 章一致，数据来源为共享住宿网站 Airbnb 上中国大理的在线平台数据。由于 Airbnb App 覆盖渗透率显著高出其他同类共享住宿 App，选择 Airbnb 作为本章数据收集的共享住宿平台具有代表性。选择大理作为共享住宿房源目的地的原因是大理共享住宿发展时间早、房源数量多，在全国共享住宿的发展中处于领先地位。本章收集了 2021 年 10 月前在 Airbnb 平台上大理共享住宿房源所有可获得的数据，最终，我们收集到270家共享住宿的房源信息。在进一步访问房源信息时，发现有少部分房源存在信息不完整的问题，清洗数据后共收集到256家大理共享住宿房源信息。

4.4 研究一：有形性线索的存在对消费者共享住宿决策的影响

4.4.1 变量量化及计量经济学模型建立

1）自变量

（1）物理有形性的呈现：共享住宿的公共空间呈现

首先，我们对已收集到的共享住宿房源链接信息进行整理，确认房源在共享住宿网站可以被正常访问。接着，我们请两位酒店管理专业的博士生访问该房源共享住宿网站上的信息，人工浏览该房源提供的图片信息，并检查房源是否提供了公共空间的照片。若该房源没有公共社交空间照片，则编码为0；若该房源有公共社交空间照片，则编码为1，并收集该房源的三张有代表性的公共空间照片，若该房源公共空间照片不足三张，则收集全部可收集到的公共空间照片，为后续研究做材料的准备工作。两位同学的检查过程完全背对背，在检查完成后对两名同学提取出的照片及编码进行对比，如有差异，请第三位同学再次访问该房源信息，对数据信息进行校准。在三名同学都完成工作后，整理所有共享住宿房源是否提供了公共空间的信息，变量为二分变量，有公共空间的房源编码为1，没有公共空间的房源编码为0。

（2）心理有形性的呈现：房东的自我展露

房东的自我展露这一变量的提取方式与公共空间变量的提取方式

类似。首先，我们请两位酒店管理专业的博士生再次访问该房源共享住宿网站上的信息，人工浏览该房源提供的房东信息，并检查头像部分的房东照片。其次，我们基于前人的测量方式（Ert和Fleischer，2019），请同学仔细观察房东照片的内容是否展示了房东的自我形象，如果房东的照片展示了自我形象，则编码为1；如果房东的照片未展示自我形象，比如房东的照片是风景照、小动物照片或由文字构成的照片，则编码为0。最后请同学下载该房源房东的头像照片，为后续精细化处理图片信息做准备。同样，两位同学的检查过程完全背对背，在检查完成后对两名同学提取出的照片及编码进行对比，如有差异，请第三位同学再次访问该房源信息，对数据信息进行校准。在三名同学都完成工作后，整理所有共享住宿房源的房东是否在头像的部分进行自我展露，变量为二分变量，房东自我展露的房源编码为1，房东未自我展露的房源编码为0。

2）因变量

游客对每个房源的每次评论都是一次从共享住宿的预订到共享住宿的体验再到共享住宿体验后评价的完整过程。已有研究证实了房源的评价数和订单量的比率比较固定，为20%到70%（Inside Airbnb，2022）。因此，共享住宿平台的评论数可以反映该房源消费者成功进行决策的数量（张乐，2019）。为控制房源在平台上线时间的影响，我们计算了房源最早评论时间与最近评论时间之间的月份差值作为该房源在平台上的上线时间，并计算总评论数量与房源上线时间的比值为房源每个月的平均评论数量，以此来量化消费者消费决策这一变量。

3）中介变量

游客在评论中社交相关内容的输出可以被认为是消费者社交意愿的产生结果，社交意愿的产生可能并不会导致真实的社交行为，但行为的产生是以意愿为基础的。每个发表评论的消费者都至少进行了一次基于房源平台产品呈现而成功预订房源的消费决策过程。因此，本章借鉴前人的研究，通过评论中社交主题出现的概率来测量该房源中消费者产生的社交意愿。基于第3章的研究，我们通过LDA线性判别并提取游客评论的主题后，进一步分析了每个共享住宿房源中每条评论涉及社交相关主题的概率，进一步计算每个共享住宿房源与社交相关主题的平均概率，将内容为房东和内容为社交的主题概率作为该房源消费者产生的社交意愿。

4）控制变量

本章控制了房源的价格、房源的评分、房东是否为超级房东等与房源基本信息相关的变量，这些信息可以在访问房源共享平台上的信息时直接获取。与此同时，我们也控制了房源有形性的文本线索的呈现因素，通过房源的文本介绍测量了房源的物理有形性文本线索，通过房东的文本介绍测量了房源的心理有形性文本线索。具体而言，我们访问了该房源共享住宿网站上的信息，并人工浏览该房源提供的文本信息，提取了房源介绍的文字信息作为房源的文本介绍，提取了房东介绍的文字信息作为房东的文本介绍。在收集了所有文本信息后，我们对房源的文本介绍和房东的文本介绍分别进行了字数的统计，作为最终房源的文本介绍变量和房东的文本介绍变量的变量值。

5）计量模型的建立

为检验房源公共空间呈现与房东的自我展露对消费者决策的影响以及社交意愿在模型中的作用，本章建立计量模型（1）与计量模型（2），并使用最小二乘法（OLS）来估计回归方程系数。模型（1）用于检验公共空间呈现、房东的自我展露及社交意愿对消费者决策的影响，模型（2）用于检验公共空间呈现及房东的自我展露对社交意愿的影响，两个模型中的控制变量包括房源的价格、房源的评分、房东是否为超级房东、房源的文本介绍及房东的文本介绍。模型（1）和模型（2）的建立方式如下：

$$消费决策_i=\alpha_0+\alpha_1公共空间呈现_i+\alpha_2房东的自我展露_i+\alpha_3社交意愿_i+\alpha_4控制变量_i+\varepsilon_i \quad (1)$$

$$社交意愿_i=\beta_0+\beta_1公共空间呈现_i+\beta_2房东的自我展露_i+\beta_3控制变量_i+\gamma_i \quad (2)$$

4.4.2 研究结果

1）描述性分析

表4-1展示了共享住宿房源的描述性统计结果。在256个房源中，呈现了公共空间图片的房源有211个，占比82.42%，未呈现公共空间图片的房源有45个，占比17.58%；房东在头像部分进行自我展露的房源有182个，占比71.09%，房东在头像部分未进行自我展露的房源74个，占比28.91%。

表4-1 **共享住宿房源描述性统计**

共享住宿房源	房源数量	房源数量占比（%）
呈现公共空间的房源	211	82.42
未呈现公共空间的房源	45	17.58
房东自我展露的房源	182	71.09
房东未自我展露的房源	74	28.91

表4-2展示了各变量的描述性统计结果，房源评分的均值为4.93，标准差为0.14，最小值为4.00，最大值为5.00；房源价格的均值为355.01，标准差为315.68，最小值为68.00，最大值为2 760.00；

超级房东的均值为0.90，标准差为0.30，最小值为0.00，最大值为1.00；房源介绍的均值为206.62，标准差为137.90，最小值为2.00，最大值为600.00；房东介绍的均值为40.06，标准差为38.39，最小值为0.00，最大值为235.00；公共空间呈现的均值为0.82，标准差为0.38，最小值为0.00，最大值为1.00；房东的自我展露的均值为0.71，标准差为0.45，最小值为0.00，最大值为1.00；社交意愿的均值为0.35，标准差为0.10，最小值为0.10，最大值为0.56；消费决策的均值为7.57，标准差为14.09，最小值为0.12，最大值为95.00。

表4-2　　变量描述性统计

变量	均值	标准差	最小值	最大值
房源评分	4.93	0.14	4.00	5.00
房源价格	355.01	315.68	68.00	2 760.00
超级房东	0.90	0.30	0.00	1.00
房源介绍	206.62	137.90	2.00	600.00
房东介绍	40.06	38.39	0.00	235.00
公共空间呈现	0.82	0.38	0.00	1.00
房东的自我展露	0.71	0.45	0.00	1.00
社交意愿	0.35	0.10	0.10	0.56
消费决策	7.57	14.09	0.12	95.00

表4-3展示了各变量间的相关性检验结果，由表可知，本章的自变量房源公共空间的呈现及房东的自我展露与中介变量社交意愿相关性较强，自变量房源公共空间的呈现及房东的自我展露与因变量消费决策的相关性也较强，自变量间的相关性较低。本章进一步检验了变量间共线性VIF值，结果均小于3，说明模型的变量间不存在严重的共线性问题，模型结果不受到共线性问题的影响。

表 4-3 **变量间的相关性**

	房源评分	房源价格	超级房东	房源介绍	房东介绍	公共空间呈现	房东自我展露	社交意愿	消费决策
房源评分	1.000								
房源价格	0.120	1.000							
超级房东	0.569*	0.018	1.000						
房源介绍	0.210**	0.165*	0.126*	1.000					
房东介绍	0.136*	−0.153	0.145*	0.238*	1.000				
公共空间呈现	0.375**	0.035	0.228**	0.106	0.126	1.000			
房东自我展露	0.243**	0.136*	0.317**	0.188**	0.058	−0.064	1.000		
社交意愿	0.355**	−0.071	0.280**	0.322**	0.277**	0.599**	0.300**	1.000	
消费决策	0.072	−0.117	0.057	0.295**	0.211**	0.191**	0.238**	0.474**	1.000

注：$^*p<0.10$，$^{**}p<0.05$。

2）回归结果分析

表4-4展示了房源公共空间的呈现及房东的自我展露对社交意愿影响的计量模型结果，本章通过分层回归方式，逐步将变量加入模型中。模型1为仅加入5个控制变量——房源的价格、房源的评分、房东是否为超级房东、房源的文本介绍及房东的文本介绍的基本模型，模型2为加入控制变量后，纳入预测变量房源公共空间呈现及房东的自我展露的模型。结果表明，当模型1仅有控制变量加入时，房源的评分、房源价格、房源文本介绍及房东文本介绍对消费者社交意愿有显著影响。模型2在加入控制变量的基础上，纳入自变量公共空间呈现和房东的自我展露后，模型的R^2显著提升，公共空间呈现对消费者社交意愿有显著的正向影响（β=0.580，$p<0.01$），房东的自我展露对消费者社交意愿有显著的正向影响（β=0.309，$p<0.01$）。

表4-4　　有形性线索对社交意愿的影响模型结果

变量	模型1	模型2
自变量		
公共空间呈现		0.580***
房东的自我展露		0.309***
控制变量		
房源评分	0.246***	0.026
房源价格	-0.119**	-0.152***
超级房东	0.089	-0.003
房源文本介绍	0.242***	0.196***
房东文本介绍	0.154***	0.113***
R^2	0.242	0.553
调整后的R^2	0.227	0.54

注：*p<0.10，**p<0.05，***p<0.01。

表4-5展示了房源公共空间的呈现及房东的自我展露对消费决策的影响的计量模型结果，模型1为仅加入5个控制变量——房源的价格、房源评分、房东是否为超级房东、房源文本介绍及房东文本介绍的基本模型；模型2为加入控制变量后，纳入自变量房源公共空间呈现及房东的自我展露的模型；模型3为加入控制变量和自变量后，纳入中介变量社交意愿的模型。结果表明，当模型1仅有控制变量加入时，房源价格、房源文本介绍及房东文本介绍对消费决策有显著影响。模型2在加入控制变量的基础上，纳入自变量公共空间呈现和房东的自我展露后，模型的R^2显著提升，公共空间的呈现对消费决策有显著的正向影响（$\beta=0.221$，$p<0.01$），支持假设H1a，房东的自我展露对消费决策有显著的正向影响（$\beta=0.266$，$p<0.01$），支持假设H2a。模型3在加入控制变量和自变量的基础上，纳入中介变量社交意愿后，模型的R^2再次显著提升，社交意愿对消费决策有显著的正向影响（$\beta=0.421$，$p<0.01$），支持假设H3，而公共空间呈现对消费决策的影响不再显著（$\beta=0.023$，$p>0.05$），房东的自我展露对消费决策的显著的正向影响被降低（$\beta=0.136$，$p<0.01$），这说明社交意愿在公共空间的呈现和消费决策的影响关系中起到中介作用，且为完全中介；社交意愿在房东的自我展露和消费决策的影响关系中起到中介作用，且为部分中介，H4a及H5a被支持。

表4-5　**有形性线索对消费决策的影响**

变量	模型1	模型2	模型3
自变量			
公共空间呈现		0.221^{***}	0.023
房东的自我展露		0.266^{***}	0.136^{***}
中介变量			

续表

变量	模型1	模型2	模型3
社交意愿			0.421***
控制变量			
房源评分	0.015	0.077	0.088
房源价格	-0.148***	-0.176***	-0.112**
超级房东	0.002	0.078	0.077
房源文本介绍	0.289***	0.252***	0.17***
房东文本介绍	0.118**	0.103**	0.055
R^2	0.128	0.212	0.292
调整后的 R^2	0.111	0.190	0.269

注：*p<0.10，**p<0.05，***p<0.01。

4.5 研究二：有形性线索呈现的质量对消费者共享住宿决策的影响

4.5.1 变量量化及计量经济学模型建立

1）自变量

（1）物理有形性的呈现质量：房源公共空间的氛围

基于研究一获取的共享住宿公共空间照片，研究二筛选出有公共社交空间照片的房源，并对公共空间的图片进行精细化检测，以判断图片中呈现的公共空间的社交氛围。有研究发现与冷色调的环境相比，暖色调的环境会让人感受到更好的环境氛围（Lee等，2018；Bilgili等，2020）。因此，本章使用图片的色暖来量化公共空间的氛围。具体而言，我们首先基于机器学习图片识别技术检测了每个共享住宿公共空间照片的平均HSL数值，即色相（Hue）、饱和度（Saturation）、亮度（Lightness），并基于HSL数值判断图片的平均色彩。接着，我们根据如图4-3所示的冷暖色调的分类，对图片的色彩进行进一步赋值。如果房源公共空间图片平均色彩处于暖色调范围内，则将该房源公共空间氛围赋值为1；如果房源公共空间图片平均色彩处于冷色调范围内，则将该房源公共空间氛围赋值为-1；如果房源公共空间图片平均色彩为中性色（黑色、白色、灰色），则将该房源公共空间氛围赋值为0。之后，我们进一步计算该房源所有公共空间图片的平均色彩值，判断其色暖度，并对图片呈现的空间氛围赋值。最后，我们计算该房源所有公共空间图片呈现的空间氛围平均值，作为该房源公共空间氛围变量值。

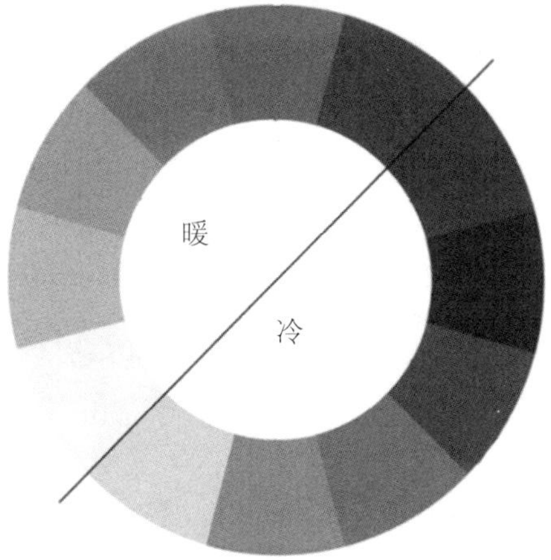

图片来源：作者根据相关资料整理。

图4-3　色暖区分图

（2）心理有形性的呈现质量：房东的自我展露程度

基于研究一获取的房源房东使用的头像照片数据，研究二筛选出房东在头像照片中展示了自我形象的房源，并对房东的头像照片进行进一步精细化检测，以判断图片中房东的自我呈现程度。之前的研究通过消费者脸部的暴露程度来测量自我展露程度，因此，本章沿用这一方式来量化房东自我展露程度这一变量。与研究一的检测房东头像的方式相似，首先，我们请两位酒店管理专业的博士生对下载并整理好的房东展示自我形象的照片进行精细化检查，并判断照片中的人脸是否被遮挡，如果房东图片中房东的脸部未被遮挡，则赋值该房源房东露脸权重为1；如果房东图片中房东的脸部被部分遮挡，如眼部有戴墨镜、其他饰品或用手部遮挡脸部，则赋值该房源房东露脸权重为0.5；如果房东图片中房东的脸部被完全遮挡，则赋值该房源房东露脸权重为0.25。同样，两位同学的检查过程完全背对背，在检查完成后对两名同学提取出的照片及编码进行对比，如有差异，请第三位同学再次检查存在差异的房源房东照片，对数据信息进行校准。在三名同学都完成工作后，通过机器学习人脸识别技术测度房东脸部面积占整个图片的面积，对房东自我展露程度进行测算。机器学习人脸识别软件会自动统一检测图片的大小，并计算出脸部所占的面积。如果房东脸部面积占整个图片面积的比例太小导致人脸识别软件无法识别到面部，则直接将房东脸部面积赋值为1。最终，房东自我展露程度这一变量的计算方式为房东露脸的权重乘以房东照片露出的脸部面积。为直观地展示房源房东自我展露程度这一变量的计算方式，我们对图片中的房东露脸程度进行了图示说明。

2）因变量

本章的因变量——消费者消费决策的测量方式与研究一一致，即使用共享住宿平台的评论数来反映该房源消费者成功进行决策的数量（张乐，2019）。为控制房源在平台上线时间的影响，我们计算了房源最早评论的时间与最近评论的时间之间的月份差值作为该房源在平台上的上线时间，并计算总评论数量与房源上线时间的比值作为房源每个月的平均评论数量，以此来量化消费者成功决策的数量。

3）中介变量

本章的中介变量测量的方式与研究一一致，即使用评论中社交主题出现的概率来测量该房源中消费者产生的社交意愿。在基于LDA线性判别方法提取游客评论的主题后，我们进一步分析了每个共享住宿房源中每条评论关于社交相关主题的概率，并进一步计算了每个共享住宿房源与社交相关主题的平均概率，将内容为房东与内容为社交的主题概率作为该房源消费者产生的社交意愿。

4）控制变量

本章的控制变量的测量方式与研究一一致，即控制了房源的价格、房源的评分、房东是否为超级房东等与房源基本信息相关的变量，这些信息可以在访问房源共享平台上的信息时直接获取。与此同时，我们也控制了房源有形性的文本线索的呈现因素，通过房源的文本介绍测量了房源的物理有形性文本线索，通过房东的文本介绍测量了房源的心理有形性文本线索。

5）计量模型的建立

为检验房源公共空间氛围与房东的自我展露程度对消费者决策的影响以及社交意愿在模型中的作用，本章建立计量模型（3）和计量模型（4）并使用最小二乘法（OLS）来估计回归方程系数。模型（3）用于检验房源公共空间氛围、房东自我展露及社交意愿对消费者决策的影响，模型（4）用于检验公共空间氛围及房东自我展露程度对社交意愿的影响，两个模型中的控制变量包括房源的价格、房源的评分、房东是否为超级房东的文本介绍及房东的文本介绍。模型（3）和模型（4）的建立方式如下：

$$消费决策_i=\alpha_0+\alpha_1公共空间氛围_i+\alpha_2房东自我展露程度_i+\alpha_3社交意愿_i+\alpha_4控制变量_i+\varepsilon_i \quad (3)$$

$$社交意愿_i=\beta_0+\beta_1公共空间氛围_i+\beta_2房东自我展露程度_i+\beta_3控制变量_i+\gamma_i \quad (4)$$

4.5.2 研究结果

1）描述性分析

表4-6展示了共享住宿房源的描述性统计结果。在211个有公共空间照片的房源中，公共空间暖色调氛围的房源有71个，占比33.6%；公共空间冷色调氛围的房源有87个，占比41.2%；公共空间中性色调氛围的房源有53个，占比25.1%。在182个房东在头像部分进行自我展露的房源中，房东照片脸部未被遮挡的房源有120个，占比65.6%；房东照片脸部被部分遮挡的房源有16个，占比8.8%；房东照片脸部被完全遮挡的房源有46个，占比25.3%。

表4-7展示了各变量的描述性统计结果，房源评分的均值为4.96，标准差为0.07，最小值为4.50，最大值为5.00；房源价格的均值为360.11，标准差为337.57，最小值为68.00，最大值为2 760.00；超级房东的均值为0.93，标准差为0.25，最小值为0.00，最大值为1.00；房源介绍的均值为213.37，标准差为137.75，最小值为2.00，最大值为600.00；房东介绍的均值为42.29，标准差为40.67，最小值为0.00，最大值为235.00；公共空间氛围的均值为-0.08，标准差为0.60，最小值为-1.00，最大值为1.00；房东自我展露程度的均值为36.44，标准差为60.39，最小值为0.00，最大值为404.00；社交意愿的均值为0.38，标准差为0.08，最小值为0.13，最大值为0.56；消费决策的均值为8.81，标准差为15.23，最小值为0.2，最大值为95.00。

表4-8展示了各变量间的相关性检验结果，由表可知，本章自变量公共空间氛围及房东自我展露程度与中介变量社交意愿相关性较

强，自变量公共空间氛围及房东自我展露程度与因变量消费决策的相关性也较强，自变量间的相关性较低。本章进一步检验了变量间共线性 VIF 值，均小于 3，说明模型的变量间不存在严重的共线性问题，模型结果不受共线性问题的影响。

表 4-6　　　　**共享住宿房源描述性统计**

共享住宿房源	房源数量	房源数量占比（%）
公共空间暖色调氛围的房源	71	33.6%
公共空间冷色调氛围的房源	87	41.2%
公共空间中性色调氛围的房源	53	25.1%
房东照片脸部未被遮挡的房源	120	65.9%
房东照片脸部被部分遮挡的房源	16	8.8%
房东照片脸部被完全遮挡的房源	46	25.3%

表 4-7　　　　**变量描述性统计**

变量	均值	标准差	最小值	最大值
房源评分	4.96	0.07	4.50	5.00
房源价格	360.11	337.57	68.00	2 760.00
超级房东	0.93	0.25	0.00	1.00
房源介绍	213.37	137.75	2.00	600.00
房东介绍	42.29	40.67	0.00	235.00
公共空间氛围	−0.08	0.60	−1.00	1.00
房东自我展露程度	36.44	60.39	0.00	404.00
社交意愿	0.38	0.08	0.13	0.56
消费决策	8.81	15.23	0.20	95.00

表 4-8 变量间的相关性

	评分	价格	超级房东	房源介绍	房东介绍	公共空间氛围	房东自我展露程度	社交意愿	消费决策
评分	1.000								
价格	0.084	1.000							
超级房东	0.337**	−0.058	1.000						
房源介绍	0.077	0.129	−0.022	1.000					
房东介绍	0.048	−0.189**	0.075	0.226**	1.000				
公共空间氛围	−0.030	−0.138*	−0.025	0.396**	0.237**	1.000			
房东自我展露程度	0.046	0.081	0.037	0.151*	0.046	0.117	1.000		
社交意愿	−0.022	−0.155*	0.018	0.281**	0.245**	0.527**	0.266**	1.000	
消费决策	−0.026	−0.132	0.000	0.302**	0.196**	0.525**	0.366**	0.471**	1

注：*p<0.10，**p<0.05。

2）回归结果分析

表4-9展示了房源公共空间氛围及房东自我展露程度对社交意愿影响的计量模型结果，本章通过分层回归方式，逐步将变量加入模型中。模型1为仅加入5个控制变量——房源价格、房源评分、房东是否为超级房东、房源文本介绍及房东文本介绍的基本模型；模型2为加入控制变量后，纳入预测变量房源公共空间氛围及房东自我展露程度的模型。结果表明，当模型1仅有控制变量加入时，房源房价、房源文本介绍及房东文本介绍对消费者社交意愿有显著影响。模型2在加入控制变量的基础上，纳入自变量房源公共空间氛围及房东自我展露程度后，模型的 R^2 显著提升，房源公共空间氛围对消费者社交意愿有显著的正向影响（$\beta=0.439$，$p<0.01$），房东的自我展露程度对消费者社交意愿有显著的正向影响（$\beta=0.208$，$p<0.01$）。

表4-10展示了房源公共空间氛围及房东自我展露程度对消费决策影响的计量模型结果，模型1为仅加入5个控制变量——房源价格、房源评分、房东是否为超级房东、房源文本介绍及房东文本介绍的基本模型；模型2为加入控制变量后，纳入自变量房源公共空间氛围及房东自我展露程度的模型；模型3为加入控制变量和自变量后，纳入中介变量社交意愿的模型。结果表明，当模型1仅有控制变量加入时，房源房价、房源文本介绍对消费决策有显著影响。模型2在加入控制变量的基础上，纳入自变量房源公共空间氛围及房东自我展露程度后，模型的 R^2 显著提升，房源公共空间氛围对消费决策有显著的正向影响（$\beta=0.428$，$p<0.01$），支持假设H2a；房东自我展露程度对消费决策有显著的正向影响（$\beta=0.309$，$p<0.01$），支持假设H2b。模型3在加入控制变量和自变量的基础上，纳入中介变量社交意愿后，模型的 R^2 再次显著提升，社交意愿对消费决策有显著的正向影响（$\beta=0.170$，$p<0.01$），支持假设H3；房源公共空间氛围对消费决策的显

著的正向影响被降低（β=0.354，$p<0.01$），房东的自我展露程度对消费决策的显著的正向影响被降低（β=0.274，$p<0.01$），这说明社交意愿在房源公共空间氛围和消费决策的影响关系中起到中介作用，且为部分中介；社交意愿在房东的自我展露和消费决策的影响关系中起到中介作用，且为部分中介，H4b、H5b被支持。

表4-9　　有形性线索质量对社交意愿的回归模型结果

变量	模型1	模型2
自变量		
公共空间氛围		0.439***
房东自我展露程度		0.208***
控制变量		
房源评分	0.043	0.027
房源价格	−0.155***	−0.098
超级房东	0.018	0.019
房源文本介绍	0.27***	0.069
房东文本介绍	0.155***	0.096
R^2	0.139	0.346
调整后的R^2	0.118	0.323

注：*$p<0.10$，**$p<0.05$，***$p<0.01$。

表4-10　　有形性线索质量对消费决策的回归模型结果

变量	模型1	模型2	模型3
自变量			
公共空间氛围		0.428***	0.354***
房东自我展露程度		0.309***	0.274***

续表

变量	模型 1	模型 2	模型 3
中介变量			
社交意愿			0.170***
控制变量			
房源评分	0.043	0.029	0.024
房源价格	-0.148***	-0.099**	-0.082
超级房东	0.005	0.002	0.002
房源文本介绍	0.301***	0.091	0.080
房东文本介绍	0.102	0.042	0.025
R^2	0.131	0.388	0.407
调整后的 R^2	0.11	0.367	0.383

注：*p<0.10，**p<0.05，***p<0.01。

4.6 结论与讨论

基于共享住宿平台真实房源的数据，本章探讨了物理有形性线索与心理有形性线索对消费者决策的影响。为进一步细化有形性线索这一变量的影响，我们对物理有形性线索及心理有形性线索进行了进一步分类。我们在本章中解决了两个研究问题，第一个是物理有形性线索及心理有形性线索呈现与否对消费决策的影响，第二个是物理有形性线索及心理有形性线索呈现的质量对消费决策的影响，并针对两个研究问题分别进行了研究。本章也探讨了共享住宿的消费环境的特殊性，即消费者社交意愿的重要作用，分析了社交意愿在有形性线索与消费者决策关系中的影响作用。

5

有形性双线索驱动的消费者共享住宿决策模型的内在机理研究

5.1 研究概述

在第4章中，我们基于共享住宿平台数据检验了物理有形性线索及心理有形性线索对消费者决策的影响作用，并探讨了在共享住宿环境中消费者社交意愿的重要作用。为验证第4章的研究结果并进一步分析有形性线索对消费者决策的影响作用机理，本章对消费者进行调研，通过实验方法对消费者共享住宿决策行为进行更为直接的分析，进而补充平台的数据研究结果，并深入分析有形性线索对消费者决策的影响机理。

基于情景的实验设计克服了自我报告方式容易出现的回忆偏差问题，有助于正确操作实验变量（Smith等，1999），因此，本章使用实验方法进行研究，以深入分析有形性线索对消费者决策的影响机理。本章首先突出共享住宿社交属性的重要作用，将消费者共享住宿的社交意愿细化为消费者与房东的社交意愿及消费者与其他游客的社交意愿。本章也细化了消费者的消费决策为消费者在共享住宿平台的预订意愿及支付钱数意愿，旨在分析有形性线索对消费者不同消费决策的影响差异。与此同时，第4章的研究发现心理有形性线索对消费者决策的影响没有物理有形性线索直接，因此，本章继续深挖心理有形性线索在影响社交意愿之前，是否还存在其他的心理反应，以进一步探讨心理有形性线索对消费者决策的内在影响机理。另外，有形性相关研究发现，消费者个人对产品的感知能力会影响其决策，因此，本章也旨在探讨消费者因素在有形性线索对消费者决策影响中的调节作用。

为实现上述研究目标，本章开展了四个实验研究。研究一探讨了物理有形性线索对消费者不同类型消费决策的影响及消费者与不同对象社交意愿的影响中介作用。研究二探讨了心理有形性线索对消费者不同消费决策的影响及消费者与不同对象社交意愿的影响中介作用，并进一步分析了心理有形性线索与社交意愿影响关系中的内在机制。研究三探讨了物理有形性线索及心理有形性线索组合下对消费者不同消费决策的影响，及消费者与不同对象社交意愿的影响中介作用，同时控制心理有形性线索与社交意愿影响关系中的中介变量。研究四在研究三的基础上分析了消费者因素对研究模型的调节作用。

5.2 研究一：物理有形性线索对消费者共享住宿决策的影响机理研究

5.2.1 研究介绍

在第4章的研究中，我们已经发现了物理有形性线索对消费者消费决策的影响，并分析了社交意愿在影响关系中的作用。由于共享住宿中社交对象丰富、决策的类型多样，本章也进一步细化了消费者社交意愿这一变量为消费者与房东的社交和消费者与其他游客的社交。同时，进一步细化了消费者消费决策这一变量为消费者预订行为与消费者愿意支付钱数的行为，建立了物理有形性线索对消费者预订意愿的影响模型及物理有形性线索对消费者支付钱数的影响模型。

5.2.2 研究假设与研究模型

由于之前的研究发现消费者与服务提供者的互动及消费者与其他消费者的互动是服务业中两种典型的社交互动形式（Moore等，2005；Lin和Mattila，2010；Lemke等，2011），且在共享住宿的相关研究中发现，消费者与房东的社交互动及消费者与其他游客的社交互动是共享住宿情境中突出的互动形式，并会影响消费者的决策行为

（Lyu 等， 2019； Tussyadiah， 2015； Tussyadiah 和 Pesonen， 2016）。在关于决策的相关研究中，研究者通过消费者预订产品的意愿来检验消费者的消费决策，也有一部分研究通过消费者愿意支付钱数的意愿来检验消费者的消费决策（Amaro 等， 2020； Su 和 Mattila， 2020）。因此，本章沿用这两个变量细化对消费决策的检验，从社交对象的角度进一步将社交意愿分类为消费者与房东的社交意愿及消费者与其他游客的社交意愿，进一步细化 H1、H3 及 H4 并提出相关假设，建立物理有形性线索对消费者预订意愿的影响模型图（如图 5-1 所示）及物理有形性线索对消费者支付钱数意愿的影响模型图（如图 5-2 所示）。鉴于研究变量的数量以及第 4 章中我们发现的物理有形性线索的影响比较直接，且有形性线索存在的质量对社交意愿及消费决策的影响更大，在本章中我们沿用共享住宿公共空间设计氛围这一变量测量物理有形性线索。

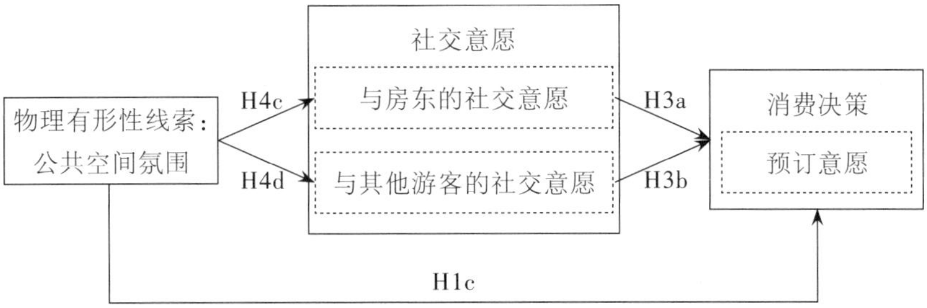

图 5-1　物理有形性线索对消费者预订意愿的影响模型

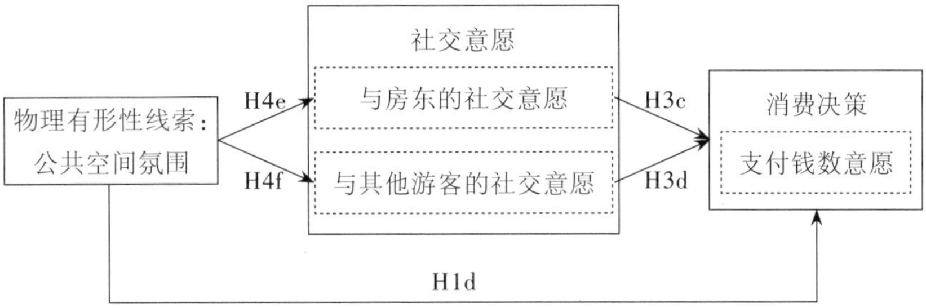

图 5-2　物理有形性线索对消费者支付钱数意愿的影响模型

H1c：物理有形性线索对消费者预订的意愿存在积极影响

H1d：物理有形性线索对消费者支付钱数的意愿存在积极影响

H3a：消费者与房东的社交意愿对消费者预订的意愿存在积极影响

H3b：消费者与其他游客的社交意愿对消费者预订的意愿存在积极影响

H3c：消费者与房东的社交意愿对消费者支付钱数的意愿存在积极影响

H3d：消费者与其他游客的社交意愿对消费者支付钱数的意愿存在积极影响

H4c：消费者与房东的社交意愿在物理有形性线索对消费者预订意愿的影响关系中起到中介作用

H4d：消费者与其他游客的社交意愿在物理有形性线索对消费者预订意愿的影响关系中起到中介作用

H4e：消费者与房东的社交意愿在物理有形性线索对消费者支付钱数意愿的影响关系中起到中介作用

H4f：消费者与其他游客的社交意愿在物理有形性线索对消费者支付钱数意愿的影响关系中起到中介作用

5.2.3 刺激的检验

1）实验设计

为了保证后续实验研究刺激的有效性，实验一首先确定物理有形性线索的刺激材料，并检验刺激材料的操纵是否准确。鉴于研究变量的数量以及第4章中我们发现物理有形性线索的影响比较直接，且有形性线索存在的质量对社交意愿及消费决策影响更大，本章我们沿用共享住宿公共空间氛围这一变量测量物理有形性线索。我们使用第4

章在共享住宿平台实际获取的社交空间照片作为共享住宿公共空间氛围这一变量的刺激材料，并通过图片色暖度的调整来区分共享住宿公共空间氛围的高低。

为检验在实验中共享住宿公共空间氛围的刺激是否有效，本章首先准备好同一个公共空间暖色调和冷色调两张照片，设计了两组实验情境，两种情境下房源公共空间的照片分别为暖色调和冷色调，其他信息完全一致。我们请游客假设准备预订一个共享住宿并浏览共享住宿的房源照片，游客会被随机分到两种情境中的任意一种情况，写出在这个空间里的感受，并对该公共空间氛围进行打分。公共空间氛围的测量依据成熟的量表（Hahn等，2017），由三个问题组成，通过游客对公共空间氛围的评价结果确定空间氛围的操纵是否合适、刺激是否有效。

2）样本选择及数据来源

本章的研究样本选择国内知名大学的大学生，通过发放网络问卷的形式邀请同一个年级不同班级的学生回答问卷，不同情境的问卷被随机分配给学生（Lv等，2021）。最终，48名学生参加了此次调研，其中男性占比50%，女性占比50%，受访者平均年龄为22岁。在所有受访者中，有23名受访者被分配到了高公共空间氛围的情境，有25名受访者被分配到了低公共空间氛围的情境，我们通过独立样本T检验分析两种情境下的社交氛围的组别差异。

3）研究结果

描述性统计结果显示，受访者对高公共空间氛围组的氛围评价均值为5.99（SD：0.82），对低公共空间氛围组的氛围评价均值为3.59（SD：1.57）。独立样本T检验结果显示，受访者对高公共空间氛围组的氛围评价显著高于对低公共空间氛围组的氛围评价（$t=6.476$，$p<0.01$）。研究结果证明了本实验对公共空间氛围的操纵合适，实验刺

激有效。

5.2.4　物理有形性线索对消费者决策影响的预实验

1）实验设计

在实验研究中，通常先使用小样本对研究的变量的操纵及模型进行检验，再进行大规模样本的主实验分析（吕兴洋等，2021；Zhang等，2020）。本章首先对物理有形性线索对消费者决策的影响进行预实验。鉴于研究变量的数量及第4章中我们发现物理有形性线索的影响比较直接，且有形性线索存在的质量对社交意愿及消费决策影响更大，本章我们沿用共享住宿公共空间设计氛围这一变量测量物理有形性线索。本研究使用已经检验过有效性的房源公共空间氛围刺激，并设计了两组实验情境，两种情境下房源公共空间的照片分别为暖色调和冷色调，其他信息完全一致。我们请游客假设准备预订一个共享住宿，并浏览共享住宿的房源信息。实验中的问卷主要包括三个部分，第一部分是房源的基本信息，第二部分是房源公共空间的信息，第三部分是请受访者回答的问题并获取受访者的人口统计数据。具体而言，我们在第一部分向受访者展示了房源的基本信息如下：

“假设你准备春节期间去国内某著名目的地旅游，你选择自由行，并且和三个朋友一起旅游。为了更好地体验当地的文化，你准备选择共享住宿这种住宿形式，即你和其他游客一起共享房东的一栋有八个房间的房子。你有自己独立的房间，但房子里有你可以和房东、其他旅游者一起做饭、聊天、聚会的公共社交空间。现在你开始浏览共享住宿网站（共享住宿房源最多的网站）挑选共享住宿，你看到了如下地理位置很好的房源。”

在向游客展示了这个共享住宿的名称、基础设施等信息后，我们在问卷的第二部分展示了房源如下的公共空间信息：

“除了房间的照片外，你也看到了这个房子的一楼公共空间的照片，你可以在这里和房东、其他游客吃饭、聊天、喝下午茶、聚会等等。”在文字介绍后附上了这个共享住宿社交空间的照片。我们请游客设想自己身处这个环境之中，形容在这个公共空间中的感觉，并对这个公共空间的氛围进行打分。

我们在问卷的第三部分询问了游客在此公共空间内与房东的社交意愿及与其他游客的社交意愿。同时，我们询问了游客预订这个共享住宿的意愿，根据该目的地的平均房价给予游客一个房价参考值，并询问游客最多愿意为这个共享住宿支付多少钱。最后，我们请受访者提供了他们的人口统计数据。

本章变量的测量问题根据已有研究成熟的量表制定，空间氛围的量表根据Hahn等（2017）编制；与房东的社交意愿及与其他游客的社交意愿的量表根据Finsterwalder和Kuppelwieser（2011）及Tussyadiah和Pesonen（2016）的量表编制。游客支付钱数的意愿这一变量的测量由游客在100元至1 000元自由选择，其他变量的测量使用7级李克特量表。

2）样本选择及数据来源

本实验的样本选择国内知名大学的大学生，通过在网络上的问卷发布给同一个年级不同班级的学生，问卷为随机分给不同的学生（Lv等，2021），最终130名学生参加了此次调研，其中男性占比55.7%，女性占比44.3%，受访者平均年龄为22岁；剔除无效问卷后，保留问卷115份。在所有受访者中，有64名受访者被分配到了高氛围公共空间的情境，51名受访者被分配到了低氛围公共空间的情境。

3）研究结果

（1）组别差异分析

描述性统计结果显示，受访者对高公共空间氛围组的氛围评价均值为5.29（SD：1.06），受访者对低公共空间氛围组的氛围评价均值为3.68（SD：1.18），探索性因子分析用于检验量表的有效性。因子分析的结果如表5-1所示，量表的总克隆巴赫系数为0.88，且模型中每个变量的各个因子的载荷都高于0.8，KMO都大于0.7，表明量表效度良好。独立样本T检验结果显示，受访者对高公共空间氛围组的氛围评价显著高于对低公共空间氛围组的氛围评价（$t=7.667$，$p<0.01$）。研究结果证明了本实验对公共空间氛围的操纵合适，实验刺激有效。

表5-1 **因子分析结果**

变量	因子	因子载荷	Cronbach's α
AQ	AQ1	0.84	0.70
	AQ2	0.90	
	AQ3	0.89	
SIH	SIH1	0.89	0.74
	SIH2	0.93	
	SIH3	0.93	
SIT	SIT1	0.94	0.77
	SIT2	0.95	
	SIT3	0.94	

图5-3展示了公共空间的高氛围组与低氛围组各变量的均值对比。本章通过独立样本T检验分析了公共空间的高氛围组与低氛围组在受访者与房东社交的意愿、与其他游客社交意愿、预订意愿及支付钱数意愿方面的差异。独立样本T检验的结果显示，高公共空间氛围

情境下受访者与房东社交的意愿（M=5.24，SD=1.14）显著高于低公共空间氛围情境下受访者与房东社交的意愿（M=4.27，SD=1.03），t=4.76，p<0.01；高公共空间氛围情境下受访者与其他游客社交意愿（M=5.23，SD=1.07）显著高于低公共空间氛围情境下受访者与其他游客社交意愿（M=4.24，SD=1.08），t=4.89，p<0.01；高公共空间氛围情境下受访者预订意愿（M=5.08，SD=1.19）显著高于低公共空间氛围情境下受访者预订意愿（M=4.25，SD=1.25），t=3.62，p<0.01；高公共空间氛围情境下受访者支付钱数意愿（M=583.06，SD=198.86）显著高于低公共空间氛围情境下受访者支付钱数意愿（M=297.29，SD=78.55），t=10.51，p<0.01。

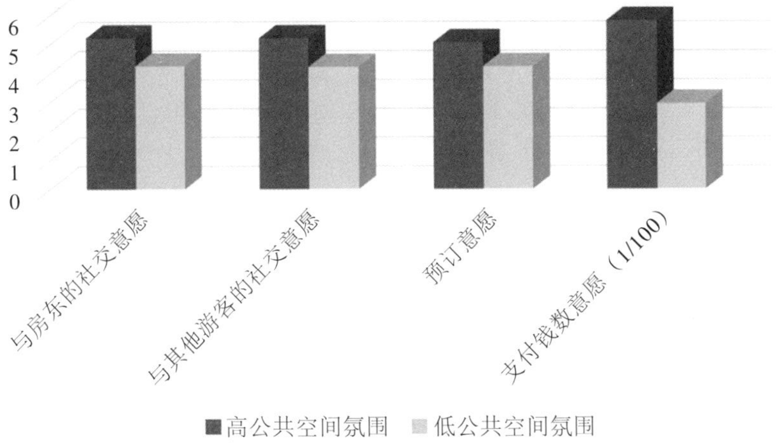

图5-3　预实验中高公共空间氛围组与低公共空间氛围组各变量均值对比

（2）回归分析及中介效应分析

本章进一步检验物理有形性线索对消费决策的影响及社交意愿在受访者与房东的社交意愿及与其他游客的社交意愿的中介作用。本章分别以受访者的预订意愿及支付钱数的意愿为因变量建立两个模型，并结合线性回归方法和Process中的Model 4，基于bootstrap方法，以样本量5 000在95%置信区间下检验受访者与房东的社交意愿及与其他游客的社交意愿的中介作用（Preacher和Hayes，2008；Zhang等，2020）。

表5-2和图5-4分别展示了物理有形性线索对消费者共享住宿的预订意愿的影响结果及模型图。回归模型1、模型2及模型3的结果显示，公共空间氛围对受访者与房东的社交意愿（β=0.409，p<0.01）、与其他游客的社交意愿（β=0.418，p<0.01）及预订共享住宿的意愿（β=0.322，p<0.01）存在积极影响。将公共空间氛围、受访者与房东的社交意愿及与其他游客的社交意愿加入模型4，分析对共享住宿预订意愿的影响。结果发现，受访者与房东的社交意愿（β=0.424，p<0.01）及与其他游客的社交意愿（β=0.451，p<0.01）对预订共享住宿的意愿影响显著，公共空间氛围对预订共享住宿的意愿的影响变为非显著（β=-0.04，p>0.1）。通过Bootstrap方法的中介效应检验发现，受访者与房东的社交意愿的中介效应显著（β=0.443，95%的置信区间为[0.196，0.825]，不包括0），受访者与其他游客的社交意愿的中介效应显著（β=0.482，95%的置信区间为[0.178，0.977]，不包括0），说明受访者与房东的社交意愿及与其他游客的社交意愿在物理有形性线索对消费者预订意愿的影响中起到完全中介作用。研究结果支持H1c、H2c、H3a、H3b、H4c、H4d、H5c及H5d。

表5-2　**预实验中物理有形性线索对消费者预订意愿的影响**

变量	与房东的社交意愿	与其他游客的社交意愿	预订意愿	
	模型1	模型2	模型3	模型4
房源公共空间氛围	0.409***	0.418***	0.322***	-0.04
与房东的社交意愿				0.424***
与其他游客的社交意愿				0.451***

注：*p<0.1，**p<0.05，***p<0.01。

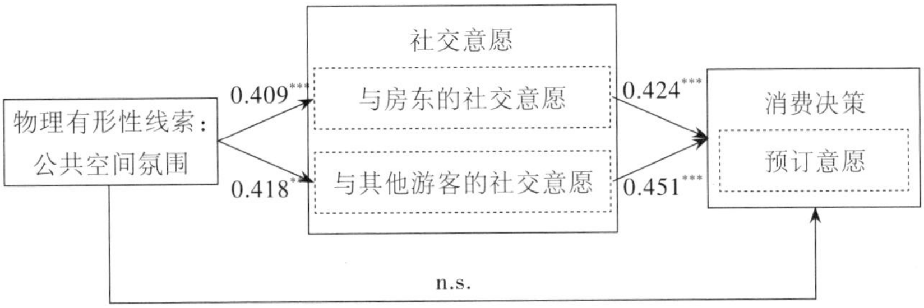

图5-4　预实验中物理有形性线索对消费者预订意愿的影响模型结果

表5-3和图5-5分别展示了物理有形性线索对消费者共享住宿支付钱数意愿的影响结果及模型图。回归模型1、模型2及模型3的结果显示，公共空间氛围对受访者与房东的社交意愿（β=0.409，p<0.01）、与其他游客的社交意愿（β=0.418，p<0.01）及消费者支付钱数的意愿（β=0.673，p<0.01）存在积极影响。将公共空间氛围、受访者与房东的社交意愿及与其他游客的社交意愿加入模型4，分析对消费者支付钱数意愿的影响时，结果发现受访者与房东的社交意愿（β=0.384，p<0.01）、与其他游客的社交意愿（β=0.399，p<0.01）及公共空间氛围（β=0.349，p<0.01）对消费者支付钱数的意愿影响显著，但公共空间氛围对消费者支付钱数的意愿影响减小。通过Bootstrap方法的中介效应检验发现，受访者与房东的社交意愿的中介效应显著（β=61.610，95%的置信区间为［37.252，103.767］，不包括0），受访者与其他游客的社交意愿的中介效应显著（β=70.914，95%的置信区间为［42.659，107.362］，不包括0），说明受访者与房东的社交意愿及与其他游客意愿的社交意愿在物理有形性线索对消费者支付钱数意愿的影响中起到部分中介作用。研究结果支持H1d、H2d、H3c、H3d、H4e、H4f、H5e及H5f。表5-4显示了预实验中物理有形性线索对消费者支付钱数的影响。表5-5显示了预实验中物理有形性线索对消费者支付钱数的中介影响。

表5-3　预实验中社交意愿在物理有形性线索对消费者预订意愿的中介影响

中介效应	95%置信区间		
	下限	上限	是否包括0
与房东的社交意愿	0.196	0.825	否
与其他游客的社交意愿	0.178	0.977	否

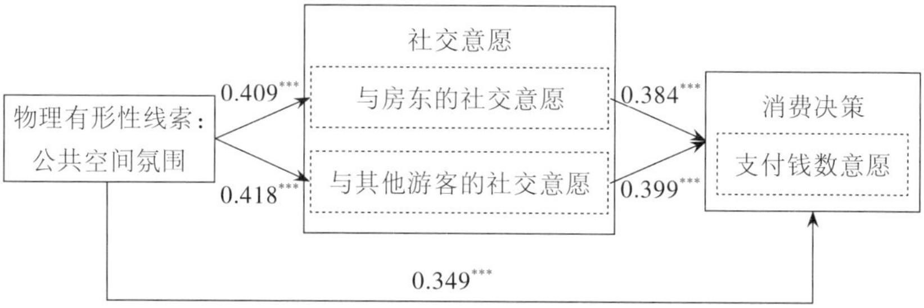

图5-5　预实验中物理有形性线索对消费者支付钱数意愿的影响模型结果

表5-4　预实验中物理有形性线索对消费者支付钱数意愿的影响

变量	与房东的社交意愿	与其他游客的社交意愿	支付钱数意愿	
	模型1	模型2	模型3	模型4
房源公共空间氛围	0.409***	0.418***	0.673***	0.349***
与房东的社交意愿				0.384***
与其他游客的社交意愿				0.399***

注：*p<0.1，**p<0.05，***p<0.01。

表5-5　预实验中社交意愿在物理有形性线索对消费者支付钱数意愿的中介影响

中介效应	95%置信区间		
	下限	上限	是否包括0
与房东的社交意愿	37.252	103.767	否
与其他游客的社交意愿	42.659	107.362	否

5.2.5 物理有形性线索对消费者决策影响的主实验

1）实验设计

基于预实验较好的研究结果基础，本章对模型的主效应及中介效应进行主实验分析。主实验的实验设计与预实验的实验设计完全一致，仅在数据收集方式上做出改变。同样，本章使用已经检验过有效性的房源公共空间氛围刺激，并设计了两组实验情境，两种情境下房源公共空间的照片分别为暖色调和冷色调，其他信息完全一致。我们请游客假设准备预订一个共享住宿，并浏览共享住宿的房源信息。实验中的问卷主要包括三个部分，第一部分是房源的基本信息，第二部分是房源公共空间的信息，第三部分是请受访者回答在此公共空间中与房东的社交意愿及其他消费者的社交意愿、预订这个共享住宿的意愿及游客最多愿意支付这个共享住宿多少钱，并获取受访者的人口统计数据。

2）样本选择及数据来源

本章的数据收集在国内最大的数据收集公司之一完成，我们招募中国参与者来完成这项研究。通过去除无效问卷和回答时间过短的问卷，我们最终筛选出200份有效问卷，其中男性占比45.1%，女性占比54.9%；受访者平均年龄为32岁，受访者学历为大学的人数最多，占比为77%；受访者收入在4 000元以下的占比为22.2%，受访者收入在4 000~8 000元的占比为37.4%，受访者收入在8 000元以上的占比为40.5%；在受访者中50.2%的受访者未住过共享住宿，49.8%的受访者曾经住过共享住宿。参与者被随机分配到社交氛围高和社交氛围低的情境中，其中被分配到高社交氛围情境的受访者100人，分配到低社交氛围情境的受访者100人。

3）研究结果

（1）操纵检查

描述性统计结果显示，游客对高社交氛围组的社交氛围评价均值为5.99（SD：0.71），游客对低社交氛围组的社交氛围评价均值为4.00（SD：1.48）。探索性因素分析用于确保测量量表的有效性。因子分析的结果如表5-6所示，量表的总克隆巴赫系数为0.93，且模型中每个变量的各个因子的载荷都高于0.8，KMO都大于0.7，表明量表效度良好。独立样本T检验结果显示，游客对高公共空间氛围组的氛围评价显著高于游客对低公共空间氛围组的氛围评价（t=13.01，p=0.000）。研究结果首先证明了本实验对社交空间社交氛围的操纵有效。

表5-6　**因子分析结果**

变量	因子	因子载荷	Cronbach's α
AQ	AQ1	0.87	0.73
	AQ2	0.91	
	AQ3	0.90	
SIH	SIH1	0.89	0.71
	SIH2	0.92	
	SIH3	0.85	
SIT	SIT1	0.90	0.74
	SIT2	0.89	
	SIT3	0.87	

（2）组别差异分析

图5-6展示了公共空间的高氛围组与低氛围组各变量的均值对比。本章通过独立样本T检验分析了公共空间的高氛围组与低氛围组在受访者与房东社交的意愿、与其他游客社交意愿、预订意愿及支付钱数意愿方面的差异。独立样本T检验的结果显示，高公共空间氛围情境下受访者与房东社交的意愿（M=5.95，SD=0.74）显著高于低公共空间氛围情境下受访者与房东社交的意愿（M=4.35，SD=1.40），t=10.86，p<0.01；高公共空间氛围情境下受访者与其他游客社交意愿（M=5.83，SD=0.70）显著高于低公共空间氛围情境下受访者与其他游客社交意愿（M=4.26，SD=1.38），t=10.91，p<0.01；高公共空间氛围情境下受访者预订意愿（M=5.97，SD=0.96）显著高于低公共空间氛围情境下受访者预订意愿（M=3.77，SD=1.70），t=12.09，p<0.01；高公共空间氛围情境下受访者支付钱数意愿（M=491.54，SD=169.92）显著高于低公共空间氛围情境下受访者支付钱数意愿（M=285.55，SD=93.37），t=13.10，p<0.01。

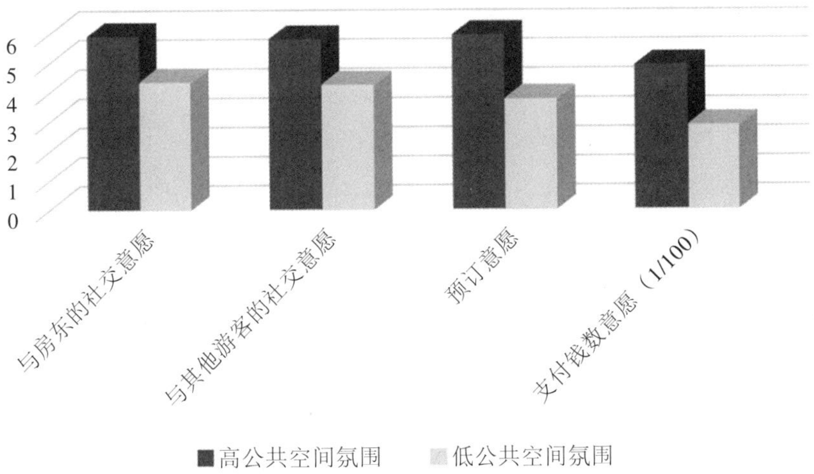

图5-6　主实验中高空间氛围组与低空间氛围组各变量均值对比

（3）回归分析及中介效应分析

本章与预实验的检验方式一致，探讨物理有形性线索对消费决策的影响及社交意愿在受访者与房东的社交意愿及与其他游客的社交意愿的中介作用。本章分别以受访者的预订意愿及支付钱数的意愿为因变量建立两个模型，并结合线性回归方法和Process中的Model 4，基于Bootstrap方法，样本量为5 000，在95%置信区间下检验受访者与房东的社交意愿及与其他游客的社交意愿的中介作用（Preacher和Hayes，2008；Zhang等，2020）。

表5-7和图5-7分别展示了物理有形性线索对消费者共享住宿的预订意愿的影响结果及模型图。回归模型1、模型2及模型3的结果显示，公共空间氛围对受访者与房东的社交意愿（$\beta=0.585$，$p<0.01$）、与其他游客的社交意愿（$\beta=0.586$，$p<0.01$）及预订共享住宿的意愿（$\beta=0.625$，$p<0.01$）存在积极影响。将公共空间氛围、受访者与房东的社交意愿及与其他游客的社交意愿加入模型4分析对共享住宿预订意愿的影响时，结果发现受访者与房东的社交意愿（$\beta=0.179$，$p<0.01$）、与其他游客的社交意愿（$\beta=0.503$，$p<0.01$）及公共空间氛围（$\beta=0.225$，$p<0.01$）对消费者预订共享住宿的意愿影响显著，但公共空间氛围对消费者支付钱数意愿的影响减小。通过Bootstrap方法的中介效应检验发现（见表5-8），受访者与房东的社交意愿的中介效应显著（$\beta=0.368$，95%的置信区间为［0.094，0.692］，不包括0），受访者与其他游客的社交意愿的中介效应显著（$\beta=1.0348$，95%的置信区间为［0.710，1.399］，不包括0），说明受访者与房东的社交意愿及与其他游客意愿的社交意愿在物理有形性线索对消费者预订意愿的影响中起到部分中介作用。研究结果支持H1c、H3a、H3b、H4c及H4d。

表 5-7　**主实验中物理有形性线索对消费者预订意愿的影响**

变量	与房东的社交意愿	与其他游客的社交意愿	预订意愿	
	模型 1	模型 2	模型 3	模型 4
房源公共空间氛围	0.585***	0.586***	0.625***	0.225***
与房东的社交意愿				0.179***
与其他游客的社交意愿				0.503***

注：*p<0.1，**p<0.05，***p<0.01。

图 5-7　主实验中物理有形性线索对消费者预订意愿的影响模型结果

表 5-8　**主实验中社交意愿在物理有形性线索对消费者预订意愿的中介影响**

中介效应	95% 置信区间		
	下限	上限	是否包括 0
与房东的社交意愿	0.094	0.692	否
与其他游客的社交意愿	0.710	1.399	否

表 5-9 和图 5-8 分别展示了物理有形性线索对消费者共享住宿支付钱数意愿的影响结果及模型图。回归模型 1、模型 2 及模型 3 的结

果显示，公共空间氛围对受访者与房东的社交意愿（β=0.585，$p<0.01$）、与其他游客的社交意愿（β=0.586，$p<0.01$）及消费者支付钱数意愿（β=0.647，$p<0.01$）存在积极影响。将公共空间氛围、受访者与房东的社交意愿及与其他游客的社交意愿加入模型4，分析对消费者支付钱数意愿的影响时，结果发现受访者与房东的社交意愿（β=0.177，$p<0.05$）、与其他游客的社交意愿（β=0.160，$p<0.1$）及公共空间氛围（β=0.449，$p<0.01$）对消费者支付钱数的意愿影响显著，但公共空间氛围对消费者支付钱数意愿的影响减小。通过Bootstrap方法的中介效应检验发现（见表5-10），受访者与房东的社交意愿的中介效应显著（β=37.274，95%的置信区间为［13.216，66.972］，不包括0），受访者与其他游客的社交意愿的中介效应显著（β=33.831，95%的置信区间为［7.091，61.036］，不包括0），说明受访者与房东的社交意愿及与其他游客的社交意愿在物理有形性线索对消费者支付钱数意愿的影响中起到部分中介作用。研究结果支持H1d、H3c、H3d、H4e及H4f。

表5-9 **主实验中物理有形性线索对消费者支付钱数意愿的影响**

变量	与房东的社交意愿	与其他游客的社交意愿	支付钱数意愿	
	模型1	模型2	模型3	模型4
房源公共空间氛围	0.585***	0.586***	0.647***	0.449***
与房东的社交意愿				0.177**
与其他游客的社交意愿				0.160*

注：*$p<0.1$，**$p<0.05$，***$p<0.01$。

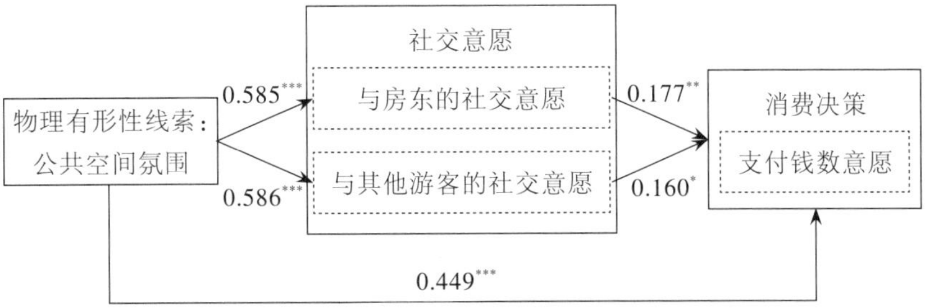

图5-8 主实验中物理性线索对消费者支付钱数意愿的影响模型结果

表5-10 **主实验中社交意愿在物理有形性线索对消费者支付钱数意愿的中介影响**

中介效应	95%置信区间		
	下限	上限	是否包括0
与房东的社交意愿	13.216	66.972	否
与其他游客的社交意愿	7.091	61.036	否

5.3 研究二：心理有形性线索对消费者共享住宿决策的影响机理研究

5.3.1 研究介绍

在第4章的研究中我们已经发现了物理有形性线索对消费者消费决策的影响，并分析了社交意愿在影响关系中的作用。但第4章的研究发现，心理有形性线索对消费者决策的影响没有物理有形性线索直接，因此本章继续深挖心理有形性线索在影响社交意愿之前，是否还存在其他的心理反应，进一步探讨心理有形性线索对消费者决策的内在影响机理。与前文物理有形性的研究一致，本章进一步细化社交意愿这一变量为消费者与房东的社交意愿和消费者与消费者的社交意愿，同时，也进一步细化消费者消费决策这一变量为消费者预订意愿与消费者愿意支付钱数的意愿，建立了心理有形性线索对消费者预订意愿的影响模型及心理有形性线索对消费者支付钱数意愿的影响模型。

5.3.2 研究假设与研究模型

1）感知可信任

信任是指个体对他人的看法及感知到易受到他人伤害的心理活动（McKnight等，2002）。与传统消费场景相比，共享情境下建立和维持信任更具挑战性。在共享经济市场中，消费者不仅需要选择值得信赖的产品或服务，也要选择提供产品或服务的可信任的供应商。在Airbnb等共享经济平台中，消费者的信任被认为受到卖家个人照片的影响。研究发现，面部信息是社会信息最重要的环境来源之一（Zebrowitz等，1996），人类对面部特征推断是直观和自动的，人类的大脑能够在不到一秒钟的时间内对一个人的可信度做出判断（Engell等，2007），因此，即使只是个人照片的展示也会促进信任。虽然基于面部的判断可能看起来非常主观，但它们已经显示出广泛的跨文化共识（Rule等，2010）。

Bente等（2012）发现，服务提供者提供可信的照片会显著提高消费者对服务人员的信任度和实际购买量。在共享住宿情境中，Ert等（2016）的研究发现了个人照片在Airbnb共享住宿平台上有重要作用，他们的研究结果表明，由于消费者对房东的信任评估是基于房东头像而产生的，缺乏面部图像会降低卖家的可信度；Broeder和Crijns（2019）的研究发现高自我展露的房东被认为更值得被信赖，且会产生更高水平的预订意愿。最近的研究也发现，服务人员照片的呈现会影响消费者与其社交的意愿（Fang，2020）。鉴于研究变量的数量，且基于前人的研究基础，本章沿用共享住宿中房东自我呈现这一变量测量心理有形性线索，并假设感知房东可信任，共享住宿中房东自我呈现这一心理有形性线索在消费者社交意愿影响关系中起到中介作用，并提出如下假设：

H6：共享住宿心理有形性线索会经由消费者感知房东可信任影响消费者的社交意愿

H6a：房东的自我展露对消费者感知房东可信任存在积极影响

H6b：房东的自我展露会经由消费者感知房东可信任影响消费者与房东的社交意愿

H6c：房东的自我展露会经由消费者感知房东可信任影响消费者与其他游客的社交意愿

2）研究模型

与前文对物理有形性线索的研究相似，本章我们从社交对象的角度进一步将社交意愿分类为消费者与房东的社交意愿及消费者与其他游客的社交意愿，进一步细化H2、H3及H5，建立心理有形性线索对消费者预订意愿的影响模型图（如图5-9所示）及心理有形性线索对消费者支付钱数意愿的影响模型图（如图5-10所示）。

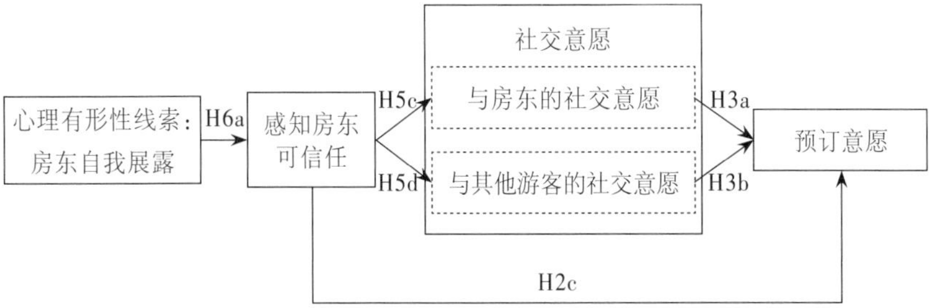

图5-9 心理有形性线索对消费者预订意愿的影响模型

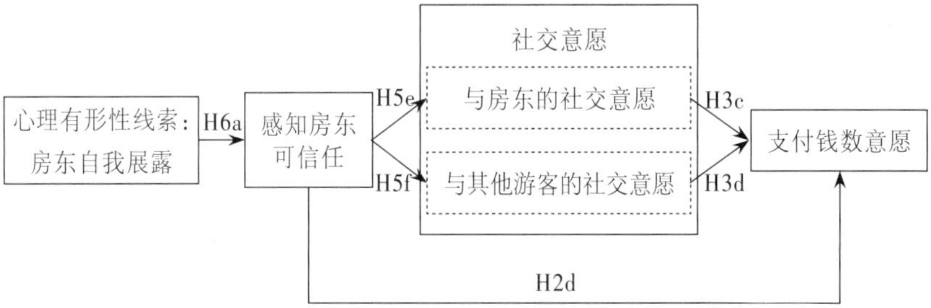

图5-10　心理有形性线索对消费者支付钱数的影响模型

H2c：感知房东可信任对消费者预订的意愿存在积极影响

H2d：感知房东可信任对消费者支付钱数的意愿存在积极影响

H3a：消费者与房东的社交意愿对消费者预订的意愿存在积极影响

H3b：消费者与其他游客的社交意愿对消费者预订的意愿存在积极影响

H3c：消费者与房东的社交意愿对消费者支付钱数的意愿存在积极影响

H3d：消费者与其他游客的社交意愿对消费者支付钱数的意愿存在积极影响

H5c：消费者与房东的社交意愿在感知房东可信任对消费者预订意愿的影响关系中起到中介作用

H5d：消费者与其他游客的社交意愿在感知房东可信任对消费者预订意愿的影响关系中起到中介作用

H5e：消费者与房东的社交意愿在感知房东可信任对消费者支付钱数意愿的影响关系中起到中介作用

H5f：消费者与其他游客的社交意愿在感知房东可信任对消费者支付钱数意愿的影响关系中起到中介作用

5.3.3 研究设计

1）实验设计

为深入探讨心理有形性线索对消费者社交意愿及消费决策的影响机制，本章直接将心理有形性线索作为实验的刺激，以直接分析心理有形性线索对消费决策的多层内在影响机制。因此，本章不需要对刺激本身进行感知的操纵，且鉴于前文的预实验证明了本章实验过程的有效性，在心理有形性线索对消费者消费决策的内在机制探讨中，我们直接进行主实验的研究。鉴于研究变量的数量，本章沿用房东的自我展露测量心理有形性线索。本章直接使用房东在共享住宿房东头像部分是否进行了自我展露测量心理有形性线索，并设计了两组实验情境，一种情境下房东进行自我展露，另一种情境下房东未进行自我展露，刺激的材料为第4章中收集到的真实的房东照片，在房东进行自我展露的情境下，展示房东的照片；在房东未进行自我展露的情境下，我们基于前人的实验研究经验，不使用任何照片，只显示房东头像未展示本人照片的字样（Hou等，2021），以免照片内容本身对刺激产生影响。我们请受访者假设准备预订一个共享住宿，并浏览共享住宿的房源信息。实验中的问卷主要包括三个部分，第一部分是房源的基本信息，第二部分是房东的信息，第三部分是请受访者回答的问题并获取受访者的人口统计数据。

在向受访者展示了这个共享住宿的名称、基础设施等信息后，我们在问卷的第二部分通过两种情况展示了房东自我展露的信息：

情境1：

“除了房间的照片外，您也看到了如下房东的信息，房东在头像的部分展示了自己真实的样貌。”在文字介绍后附上了房东的照片。

接着我们请受访者评价对房东可信任程度，如图5-11所示。

图5-11　房东自我呈现的刺激

情境2：

“除了房间的照片外，您也看到了如下房东的信息，但是房东在头像的部分并没有展示自己真实的样貌。”在文字介绍后附上了房东的照片。接着我们请受访者评价对房东可信任程度，如图5-12所示。

图5-12　房东未自我呈现的刺激

我们在问卷的第三部分询问了受访者在此公共空间中与房东的社交意愿及与其他游客的社交意愿。同时，我们询问受访者预订这个共享住宿的意愿，并根据该目的地的平均房价给予受访者一个房价参考值，询问受访者最多愿意支付这个共享住宿多少钱。最后，我们请受访者提供他们的人口统计数据。

本章研究变量的测量问项均根据已有研究成熟的量表制定，房东感知可信任的量表根据Ert等（2016）编制；与房东的社交意愿及与其他游客的社交意愿的量表根据Finsterwalder和Kuppelwieser（2011）及Tussyadiah和Pesonen（2016）的量表编制。支付钱数的意愿这一变量的测量由受访者在100元至1 000元内自由选择，其他变量的测量使用7级李克特量表。

2）样本选择及数据来源

本章的研究数据收集在国内最大的数据收集公司之一完成，我们招募中国参与者来完成这项研究。通过去除无效问卷和回答时间过短的问卷，我们最终筛选出240份有效问卷，其中男性占比48.2%，女性占比51.8%；受访者平均年龄为36岁，受访者学历为大学的人数最多，占比为68%；受访者收入在4 000元以下的占比为21.8%，受访者收入在4 000~8 000元的占比为36.1%，受访者收入在8 000元以上的占比为42.4%；参与者被随机分配到社交氛围高和社交氛围低的情境中，其中被分配到高社交氛围情境的受访者120人，分配到低社交氛围情境的受访者120人。

5.3.4 研究结果

1）组别差异分析

首先，本章通过探索性因子分析检验量表的有效性。因子分析的结果如表5-11所示，量表的总克隆巴赫系数为0.88，且模型中每个变量的各个因子的载荷都高于0.8，KMO都大于0.7，表明量表效度良好。接着我们对房东自我展露不同组别进行差异分析。图5-13展示了房东自我展露组与房东未自我展露组各变量的均值对比。本章通过独立样本T检验分析了房东自我展露组与房东未自我展露组在受访者感知房东可信任程度、受访者与房东社交的意愿、与其他游客社交意愿、预订意愿及支付钱数意愿的差异。独立样本T检验的结果显示，房东自我展露时受访者感知房东可信任程度（M=5.63，SD=0.90）显著高于房东未自我展露时受访者感知房东可信任程度（M=4.39，SD=1.30），t=8.53，p<0.01；房东自我展露时受访者与房东社交的意愿（M=5.70，SD=0.88）显著高于房东未自我展露时受访者与房东社交的意愿（M=4.67，SD=1.24），t=7.42，p<0.01；房东自我展露时受访者与其他游客社交意愿（M=5.31，SD=1.01）显著高于房东未自我展露时受访者与其他游客社交意愿（M=4.66，SD=1.23），t=4.45，p<0.01；房东自我展露时受访者预订意愿（M=5.51，SD=1.15）显著高于房东未自我展露时受访者预订意愿（M=3.74，SD=1.10），t=12.13，p<0.01；房东自我展露时受访者支付钱数意愿（M=483.68，SD=187.20）显著高于房东未自我展露时受访者支付钱数意愿（M=343.83，SD=99.74），t=7.22，p<0.01。

表5-11　**因子分析结果**

变量	因子	因子载荷	Cronbach's α
Trust	TR1	0.91	0.74
	TR2	0.89	
	TR3	0.92	
SIH	SIH1	0.89	0.72
	SIH2	0.88	
	SIH3	0.85	
SIT	SIT1	0.86	0.71
	SIT2	0.84	
	SIT3	0.82	

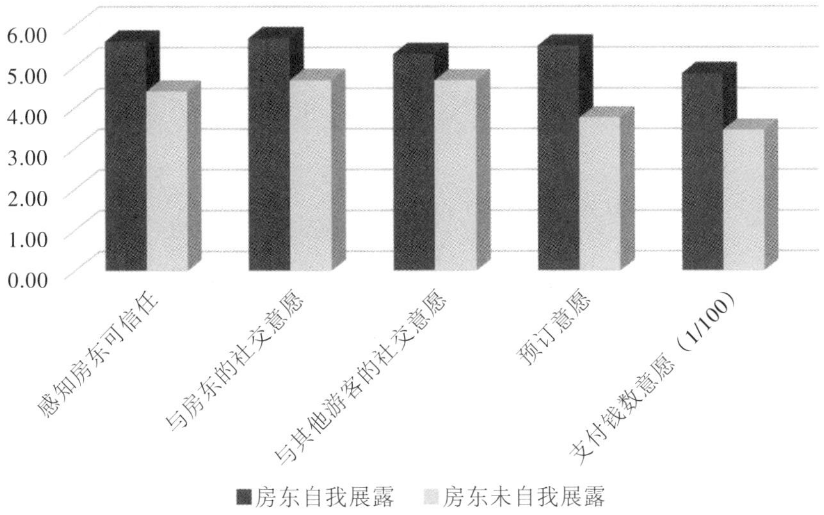

图5-13　房东自我展露组与房东未自我展露组各变量均值对比图

2）感知可信任的中介效应分析

本章首先检验感知房东可信任在心理有形性线索对受访者与房东的社交意愿及与其他游客的社交意愿影响中的中介效应。本章分别以受访者与房东的社交意愿及与其他游客的社交意愿为因变量建立两个模型，并结合线性回归方法和Process中的Model 4，基于Bootstrap方法，样本量为5 000，在95%置信区间下检验受访者与房东的社交意愿及与其他游客的社交意愿的中介作用（Preacher和Hayes，2008；Zhang等，2020）。

表5-12展示了心理有形性线索对感知房东可信任、受访者与房东的社交意愿及与其他游客的社交意愿的影响，及感知房东可信任对两种社交意愿的影响结果。回归模型1、模型2及模型4的结果显示，房东自我展露对感知房东可信任（β=0.484，p<0.01）、受访者与房东的社交意愿（β=0.433，p<0.01）及与其他游客的社交意愿（β=0.277，p<0.01）存在积极影响；将房东自我展露及感知房东可信任

加入模型3分析对受访者与房东的社交意愿的影响时，结果发现感知房东可信任（β=0.734，$p<0.01$）对受访者与房东的社交意愿影响显著，但房东自我展露对受访者与房东的社交意愿的影响不再显著（β=0.078，$p>0.1$）；同样，将房东自我展露及感知房东可信任加入模型5分析对受访者与其他游客的社交意愿的影响时，结果发现感知房东可信任对受访者与其他游客的社交意愿影响显著（β=0.249，$p<0.01$），而房东自我展露对预订共享住宿的意愿的影响变为非显著（β=0.036，$p>0.1$）。如表5-13及表5-14所示，通过Bootstrap方法的中介效应检验发现，感知房东可信任在房东自我展露和与房东的社交意愿的关系中的中介效应显著（β=0.847，95%的置信区间为［0.631，1.180］，不包括0），为完全中介作用；感知房东可信任在房东自我展露和与其他游客的社交意愿的关系中的中介效应显著（β=0.563，95%的置信区间为［0.370，0.803］，不包括0），为完全中介作用。研究结果支持H6a、H6b及H6c。

表5-12　　**心理有形性线索对消费者社交意愿的影响**

变量	感知房东可信任	与房东的社交意愿		与其他游客的社交意愿	
	模型1	模型2	模型3	模型4	模型5
房东的自我展露	0.484***	0.433***	0.078	0.277***	0.036
感知房东可信任			0.734***		0.498***

注：*$p<0.1$，**$p<0.05$，***$p<0.01$。

表5-13　　**感知房东可信任在心理有形性线索和与房东社交意愿中的中介效应**

中介效应	95%置信区间		
	下限	上限	是否包括0
感知房东可信任	0.631	1.180	否

表 5-14 **感知房东可信任在心理有形性线索和与其他游客社交意愿中的中介效应**

中介效应	95%置信区间		
	下限	上限	是否包括0
感知房东可信任	0.370	0.803	否

3）社交意愿的中介效应分析

本章进一步探讨不同类型社交意愿在消费者感知房东可信任及消费决策间的中介作用。本章分别以受访者的预订意愿及支付钱数的意愿为因变量建立两个模型，模型检验方法与感知房东可信任的中介效应方法一致。表5-15和图5-14分别展示了感知房东可信任对消费者共享住宿预订意愿的影响结果及模型图。回归模型1、模型2及模型3的结果显示，感知房东可信任对受访者与房东的社交意愿（$\beta=0.772$，$p<0.01$）、与其他游客的社交意愿（$\beta=0.515$，$p<0.01$）及消费者预订意愿（$\beta=0.630$，$p<0.01$）存在积极影响。将感知房东可信任、受访者与房东的社交意愿及与其他游客的社交意愿加入模型4分析对消费者预订意愿的影响时，结果发现受访者与房东的社交意愿（$\beta=0.233$，$p<0.01$）、与其他游客的社交意愿（$\beta=0.185$，$p<0.01$）及感知房东可信任（$\beta=0.355$，$p<0.01$）对消费者预订意愿影响显著，但感知房东可信任对消费者预订意愿的影响减小。如表5-16所示，通过Bootstrap方法的中介效应检验发现，受访者与房东的社交意愿的中介效应显著（$\beta=0.201$，95%的置信区间为［0.037，0.375］，不包括0），受访者与其他游客的社交意愿的中介效应显著（$\beta=0.107$，95%的置信区间为［0.030，0.190］，不包括0），说明受访者与房东的社交意愿及与其他游客意愿的社交意愿在感知房东可信任对消费者预订意愿的影响中起到部分中介作用。研究结果支持H2c、H3a、H3b、H5c及H5d。

表5-15　　**感知房东可信任对消费者预订意愿的影响**

变量	与房东的社交意愿	与其他游客的社交意愿	预订意愿	
	模型1	模型2	模型3	模型4
感知房东可信任	0.772***	0.515***	0.630***	0.355***
与房东的社交意愿				0.233***
与其他游客的社交意愿				0.185***

注：*p<0.1，**p<0.05，***p<0.01。

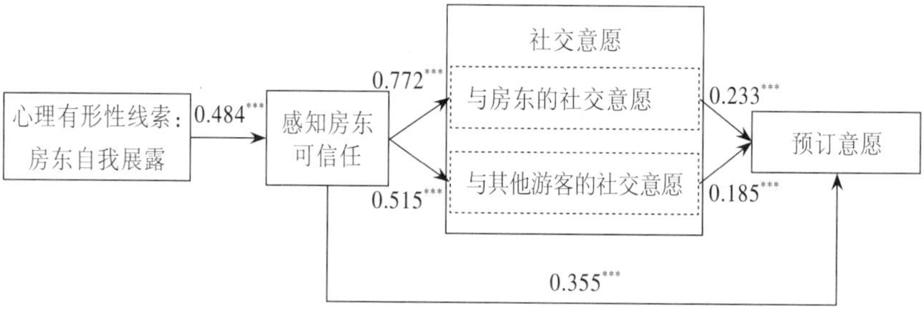

图5-14　心理有形性线索对消费者预订意愿的影响模型结果

表5-16　**社交意愿在感知房东可信任与预订意愿关系中的中介效应**

中介效应	95%置信区间		
	下限	上限	是否包括0
与房东的社交意愿	0.037	0.375	否
与其他游客的社交意愿	0.030	0.190	否

表5-17和图5-15分别展示了感知房东可信任对消费者共享住宿支付钱数意愿的影响结果及模型图。回归模型1、模型2及模型3的结果显示，感知房东可信任对受访者与房东的社交意愿（β=0.772，p<0.01）、与其他游客的社交意愿（β=0.515，p<0.01）及消费者支付钱数意愿（β=0.531，p<0.01）存在积极影响。将感知房东可信任、受访者与房东的社交意愿及与其他游客的社交意愿加入模型4分析对

消费者支付钱数意愿的影响时，结果发现受访者与房东的社交意愿（β=0.257，p<0.01）、与其他游客的社交意愿（β=0.262，p<0.01）及感知房东可信任（β=0.198，p<0.05）对消费者支付钱数的意愿影响显著，但感知房东可信任对消费者支付钱数的意愿减小。如表5-18所示，通过Bootstrap方法的中介效应检验发现，受访者与房东的社交意愿的中介效应显著（β=25.626，95%的置信区间为［10.267，44.284］，不包括0），受访者与其他游客的社交意愿的中介效应显著（β=17.501，95%的置信区间为［9.169，27.972］，不包括0），说明受访者与房东的社交意愿及与其他游客意愿的社交意愿在感知房东可信任对消费者支付钱数意愿的影响中起到部分中介作用。研究结果支持H2d、H3c、H3d、H5e及H5f。

表5-17　感知房东可信任对消费者支付钱数意愿的影响

	与房东的社交意愿	与其他游客的社交意愿	支付钱数意愿	
变量	模型1	模型2	模型3	模型4
感知房东可信任	0.772^{***}	0.515^{***}	0.531^{***}	0.198^{**}
与房东的社交意愿				0.257^{***}
与其他游客的社交意愿				0.262^{***}

注：*p<0.1，**p<0.05，***p<0.01。

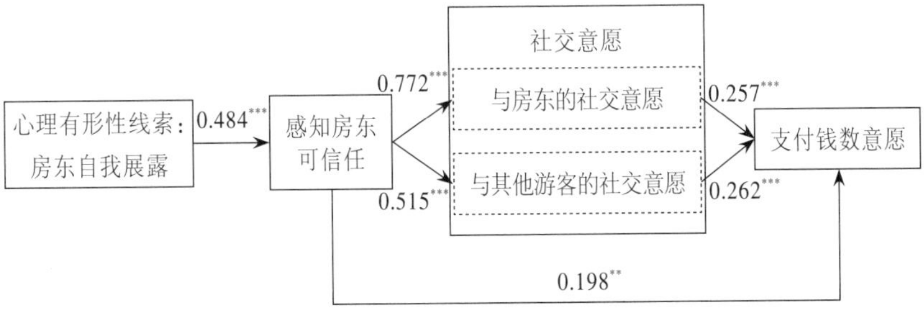

图5-15　心理有形性线索对消费者支付钱数意愿的影响模型结果

表5-18 社交意愿在感知房东可信任与支付钱数意愿关系中的中介效应

中介效应	95%置信区间		
	下限	上限	是否包括0
与房东的社交意愿	10.267	44.284	否
与其他游客的社交意愿	9.169	27.972	否

5.4 研究三：物理有形性及心理有形性双线索驱动的共享住宿决策模型机理研究

5.4.1 研究介绍

在本节中，我们旨在探讨物理有形性线索及心理有形性线索同时存在的情况下对消费者决策的影响，并建立有形性双线索驱动下的消费者消费决策模型。

5.4.2 研究模型

我们综合了本章研究一及研究二的研究模型后，在心理有形性与社交意愿的关系中加入感知房东可以信任这一变量，并与之前的研究一致，细化社交意愿这一变量为消费者与房东的社交意愿和消费者与消费者的社交意愿，同时，进一步细化消费者消费决策这一变量为消费者预订意愿与消费者愿意支付钱数的意愿，建立了物理有形性及心理有形性双线索驱动下的消费者预订意愿模型（如图5-16所示）和物理有形性及心理有形性双线索驱动下的消费者支付钱数意愿的模型

（如图5-17所示）。

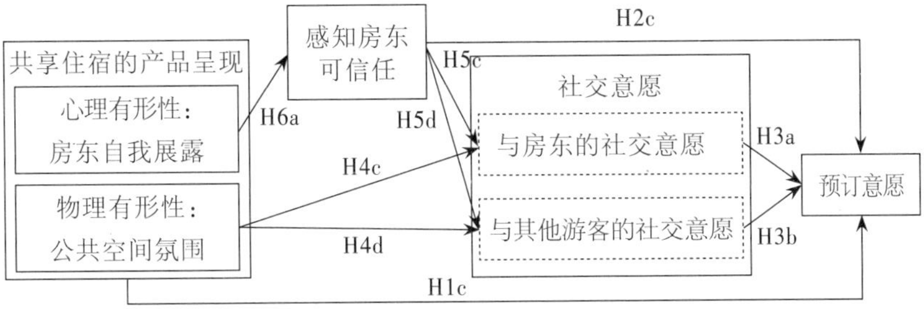

图5-16 物理有形性与心理有形性双线索驱动对消费者预订意愿的影响模型

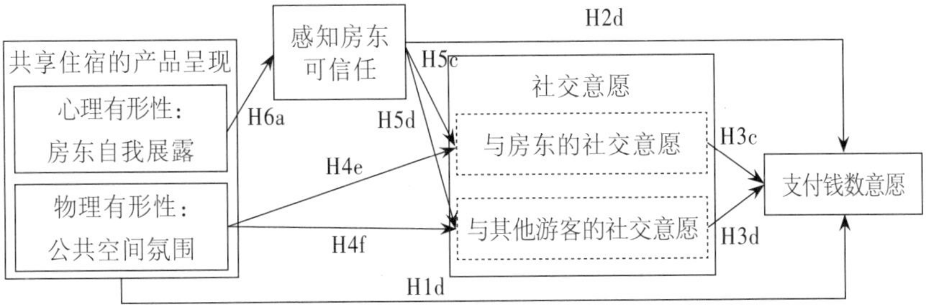

图5-17 物理有形性与心理有形性双线索驱动对消费者支付钱数意愿的影响模型

5.4.3 实验设计

为探讨物理有形性及心理有形性双线索驱动对消费者社交意愿及消费决策的影响，我们综合了本章研究一及研究二的实验，使用了2（高公共空间氛围vs低公共空间氛围）×2（房东自我展露vs房东未自我展露）的实验设计（Ert等，2016），将实验情境分成了四种情况：情境一，房源高公共空间氛围和房东自我展露；情境二，房源低公共空间氛围和房东自我展露；情境三，房源高公共空间氛围和房东未自我展露；情境四，房源低公共空间氛围和房东未自我展露。受访者会随机被分到四种情境中的任意一种情境（如图5-18、图5-19所示）。各情境的实验过程为研究一和研究二的实验情境组合。我们请受访者假设准备预订一个共享住宿，并浏览共享住宿的房源信息。每种情境的问卷都可以分为四个部分，第一部分是房源的基本信息，第二部分是房源公共空间的信息，第三部分是房东的信息，第四部分是请受访者回答的问题并获取受访者的人口统计数据。我们以情境1为例介绍实验的过程，首先在第一部分，我们向受访者展示了房源名称、基础设施等信息后，在问卷的第二部分通过两种情况展示了房东自我展露的信息：

图5-18　房东自我呈现的刺激

“除了房间的照片外，您也看到了如下房东的信息，房东在头像的部分展示了自己真实的样貌”。在文字介绍后附上了房东的照片。接着我们请受访者评价对房东可信任程度。

接着，我们在问卷的第三部分展示了房源如下的公共空间信息：

图5-19　高公共空间氛围刺激

“与此同时，您也看到了这个房子一楼公共空间的照片，您可以在这里和房东、其他游客吃饭、聊天、喝下午茶、聚会等”。在文字介绍后附上了这个共享住宿公共空间的照片。我们请受访者想象坐在这个环境之中，并形容在这个公共空间中的感觉，对这个公共空间的氛围进行打分。

最后，我们在问卷的第四部分询问了受访者在此公共空间中与房东的社交意愿及与其他游客的社交意愿。同时，我们询问受访者预订这个共享住宿的意愿，并根据该目的地的平均房价给予受访者一个房价参考值，询问受访者最多愿意支付这个共享住宿多少钱。最后，我们请受访者提供他们的人口统计数据。本章使用的量表与研究一、研究二一致。

5.4.4 数据收集

本章的数据收集方式与研究二相似，在国内最大的数据收集公司之一完成，我们招募中国参与者来完成。通过去除无效问卷和回答时间过短的问卷，我们最终筛选出400份有效问卷，其中男性占比45.5%，女性占比54.5%；受访者平均年龄为37岁，受访者学历为大学的人数最多，占比为78.8%；受访者收入在4 000元以下的占比为20.1%，受访者收入在4 000~8 000元的占比为43%，受访者收入在8 000元以上的占比为37.1%；参与者被随机分配到四种情境的任意一种情境中，被分配到房源高公共空间氛围和房东自我展露情境的受访者100人；被分配到房源低公共空间氛围和房东自我展露情境的受访者100人；被分配到房源高公共空间氛围和房东未自我展露情境的受访者100人；被分配到房源低公共空间氛围和房东未自我展露情境的受访者100人，最终我们综合所有问卷信息用于统一分析。

5.4.5 研究结果

1）操纵检查

描述性统计结果显示，游客对组内包含高公共空间氛围的氛围评价均值为5.83（SD=0.86），游客对组内包含低公共空间氛围的氛围评价均值为4.17（SD=1.39）。探索性因素分析用于确保测量量表的有效性。因子分析的结果如表5-19所示，量表的总克隆巴赫系数为0.90，且模型中每个变量的各个因子的载荷都高于0.8，KMO都大于0.7，表明量表效度良好。独立样本T检验结果显示，游客对高社交氛围组社交氛围的评价显著高于游客对低社交氛围组社交氛围的评价（$t=14.35$，$p<0.01$）。研究结果首先证明了本实验对公共空间氛围的操纵有效。

表5-19 **因子分析结果**

变量	因子	因子载荷	Cronbach's α
Trust	TR1	0.87	0.72
	TR2	0.85	
	TR3	0.88	
AQ	AQ1	0.86	0.73
	AQ2	0.91	
	AQ3	0.90	
SIH	SIH1	0.86	0.70
	SIH2	0.84	
	SIH3	0.81	
SIT	SIT1	0.83	0.70
	SIT2	0.84	
	SIT3	0.81	

2）组别差异分析

图5-20展示了组内包括房东自我展露情境与组内包括房东未自我展露情境各变量的均值对比。本章通过独立样本T检验分析了房东自我展露与房东未自我展露在受访者感知房东可信任程度、受访者与

房东社交的意愿、与其他游客社交意愿、预订意愿及支付钱数意愿的差异。独立样本T检验的结果显示，房东自我展露时受访者感知房东可信任程度（M=5.45，SD=0.84）显著高于房东未自我展露时受访者感知房东可信任程度（M=4.48，SD=1.18），t=9.40，p<0.01；房东自我展露时受访者与房东社交的意愿（M=5.41，SD=1.07）显著高于房东未自我展露时受访者与房东社交的意愿（M=4.85，SD=1.18），t=4.97，p<0.01；房东自我展露时受访者与其他游客社交意愿（M=5.28，SD=0.97）显著高于房东未自我展露时受访者与其他游客社交意愿（M=4.81，SD=1.21），t=4.28，p<0.01；房东自我展露时受访者预订意愿（M=5.35，SD=1.24）显著高于房东未自我展露时受访者预订意愿（M=4.63，SD=1.39），t=5.48，p<0.01；房东自我展露时受访者支付钱数意愿（M=520.46，SD=202.70）显著高于房东未自我展露时受访者支付钱数意愿（M=314.27，SD=117.53），t=12.44，p<0.01。

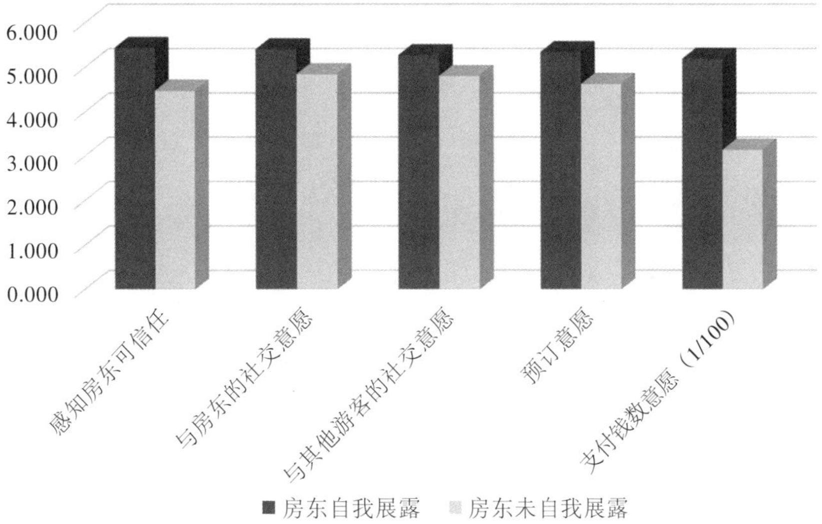

图5-20　组中包括房东自我展露情境与组中包括房东未自我展露情境下各变量均值对比

图5-21展示了组内包括公共空间高氛围情境与组内包括公共空间低氛围情境各变量的均值对比。本章通过独立样本T检验分析了公共空间的高氛围组与低氛围组在受访者与房东社交的意愿、与其他游客社交意愿、预订意愿及支付钱数意愿的差异。独立样本T检验的结果显示，高公共空间氛围情境下受访者与房东社交的意愿（M=5.56，SD=0.87）显著高于低公共空间氛围情境下受访者与房东社交的意愿（M=4.71，SD=1.26），t=7.79，p<0.01；高公共空间氛围情境下受访者与其他游客社交意愿（M=5.41，SD=0.93）显著高于低公共空间氛围情境下受访者与其他游客社交意愿（M=4.68，SD=1.18），t=6.90，p<0.01；高公共空间氛围情境下受访者预订意愿（M=5.47，SD=1.19）显著高于低公共空间氛围情境下受访者预订意愿（M=4.51，SD=1.36），t=7.44，p<0.01；高公共空间氛围情境下受访者支付钱数意愿（M=526.51，SD=206.24）显著高于低公共空间氛围情境下受访者支付钱数意愿（M=308.22，SD=98.92），t=13.50，p<0.01。

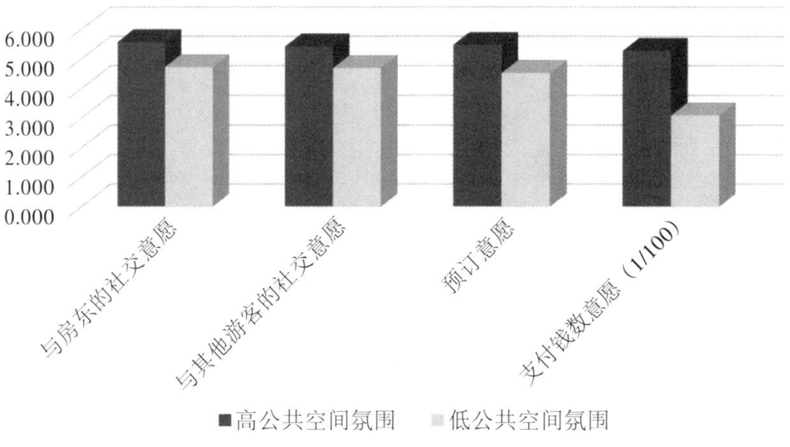

图5-21　组中包括高空间氛围情境与组中包括低空间氛围情境下各变量均值对比

3）主效应中介效应分析

（1）有形性双线索驱动对消费者社交意愿的影响

本章首先检验在有形性双线索驱动的消费者决策模型中，物理有形性线索及心理有形性线索对消费者社交意愿的影响及消费者感知房东可信任在心理有形性线索对受访者社交意愿影响中的中介作用。本章分别以受访者与房东的社交意愿及与其他游客的社交意愿为因变量建立两个模型，检验方法与研究二相同。表5-20展示了有形性线索及感知房东可信任对两种社交意愿的影响结果。回归模型1、模型2及模型5的结果显示，房东自我展露对感知房东可信任（$\beta=0.425$，$p<0.01$）、受访者与房东的社交意愿（$\beta=0.242$，$p<0.01$）及与其他游客的社交意愿（$\beta=0.210$，$p<0.01$）存在积极影响；将房东自我展露及感知房东可信任加入模型3及模型6中分析对不同类型社交意愿的影响时，发现房东自我展露对与房东的社交意愿（$\beta=0.006$，$p>0.1$）及与其他游客的社交意愿（$\beta=0.023$，$p>0.1$）的影响都不显著。通过Bootstrap方法的中介效应检验发现（见表5-21及表5-22），感知房东可信任在房东自我展露和与房东的社交意愿的关系中的中介效应显著（$\beta=0.533$，95%的置信区间为［0.403，0.692］，不包括0），为完全中介作用；感知房东可信任在房东自我展露和与其他游客的社交意愿的关系中的中介效应显著（$\beta=0.426$，95%的置信区间为［0.305，0.569］，不包括0），因此房东自我展露在心理有形性线索对不同类型社交意愿的影响中起到完全中介作用。研究结果支持H6a、H6b及H6c。回归模型4及回归模型7的结果显示，感知房东可信任及公共空间氛围对与房东的社交意愿（$\beta=0.503$，$p<0.01$；$\beta=0.255$，$p<0.01$）及与其他游客的社交意愿（$\beta=0.396$，$p<0.01$；$\beta=0.241$，$p<0.01$）都有显著积极影响。

表5-20　**物理有形性线索及心理有形性线索对消费者社交意愿的影响**

变量	感知房东可信任	与房东的社交意愿			与其他游客的社交意愿		
	模型1	模型2	模型3	模型4	模型5	模型6	模型7
房东的自我展露	0.425***	0.242***	0.006		0.210***	0.023	
感知房东可信任			0.555***	0.503***		0.438***	0.396***
公共空间氛围				0.255***			0.241***
R^2	0.295	0.108	0.295	0.357	0.104	0.206	0.458
调整后的R^2	0.293	0.106	0.292	0.354	0.102	0.252	0.455

注：*p<0.1，**p<0.05，***p<0.01。

表5-21　**感知房东可信任在心理有形性线索和与房东社交意愿关系中的中介效应**

模型	中介变量	效应	标准误	95%置信区间		
				下限	上限	是否包括0
与房东的社交意愿	感知房东可信任	0.533	0.074	0.403	0.692	否

表5-22　**感知房东可信任在心理有形性线索和与其他游客社交意愿关系中的中介效应**

模型	中介变量	效应	标准误	95%置信区间		
				下限	上限	是否包括0
与其他游客的社交意愿	感知房东可信任	0.426	0.067	0.305	0.569	否

（2）有形性双线索驱动对消费者消费决策的影响

本章进一步探讨在有形性双线索驱动的消费者决策模型中，不同类型社交意愿在消费者感知房东可信任及消费决策间的中介作用。本章分别以受访者的预订意愿及支付钱数的意愿为因变量建立两个模型，模型检验方法与研究二一致。表5-23和图5-22分别展示了感知房东可信任对消费者共享住宿预订意愿的影响结果及模型图。回归模型1、模型2、模型4及模型5的结果显示，感知房东可信任及公共空间氛围对受访者与房东的社交意愿（β=0.558，p<0.01；β=0.448，p<0.01）及其他游客的社交意愿（β=0.364，p<0.01；β=0.327，p<0.01）的影响均显著，且在两种有形性线索共同驱动下，模型的R^2显著提升。将两种社交意愿变量加入有形性线索对消费者预订意愿影响模型8中，结果发现房东可信任（β=0.174，p<0.01）、公共空间氛围（β=0.094，p<0.01）、受访者与房东的社交意愿（β=0.410，p<0.01）、与其他游客的社交意愿（β=0.211，p<0.01）对消费者预订意愿影响均显著，但感知房东可信任及公共空间氛围对消费者预订意愿的影响减小。如表5-24及表5-25所示，通过Bootstrap方法的中介效应检验发现，两种类型社交意愿的中介效应在心理有形性线索驱动下的消费者预订意愿模型中显著（β=0.287，95%的置信区间为［0.203，0.389］，不包括0；β=0.120，95%的置信区间为［0.057，0.193］，不包括0），同样，两种类型社交意愿的中介效应在物理有形性线索驱动下的消费者预订意愿模型中显著（β=0.486，95%的置信区间为［0.344，0.662］，不包括0；β=0.208，95%的置信区间为［0.100，0.344］，不包括0），说明受访者与房东的社交意愿及与其他游客意愿的社交意愿在两种有形性线索驱动的消费者预订意愿模型中均起到部分中介作用。研究结果支持H1c、H2c、H3a、H3b、H4c、H4d、H5c及H5d。

表5-23　物理有形性线索及心理有形性线索对消费者预订意愿的影响

变量	与房东的社交意愿			与其他游客的社交意愿			预订意愿	
	模型1	模型2	模型3	模型4	模型5	模型6	模型7	模型8
感知房东可信任	0.558***		0.503***	0.448***		0.396***	0.249***	0.174**
公共空间氛围		0.364***	0.255***		0.327***	0.241***	0.463***	0.094**
与房东的社交意愿								0.410***
与其他游客的社交意愿								0.211***
R^2	0.295	0.132	0.357	0.206	0.107	0.260	0.323	0.528
调整后的R^2	0.293	0.130	0.354	0.204	0.105	0.256	0.320	0.523

注：*p<0.1，**p<0.05，***p<0.01。

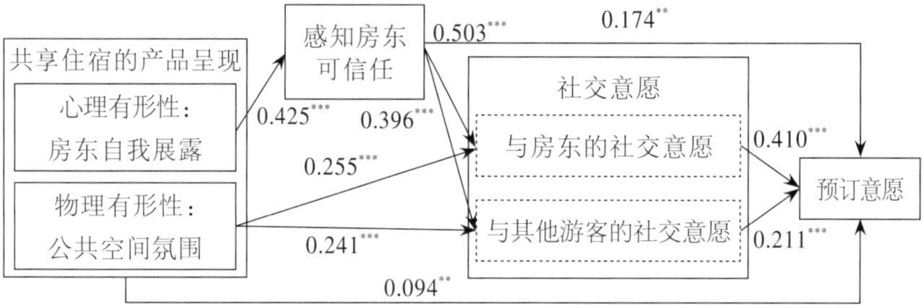

图5-22　有形性双线索驱动对消费者预订意愿的影响模型结果

表5-24　社交意愿在感知房东可信任与预订意愿关系中的中介效应

模型	中介变量	效应	标准误	95%置信区间		
				下限	上限	是否包括0
预订意愿	与房东的社交意愿	0.287	0.047	0.203	0.389	否
	与其他游客的社交意愿	0.120	0.035	0.057	0.193	否

表5-25 **社交意愿在房源公共空间氛围与预订意愿关系中的中介效应**

模型	中介变量	效应	标准误	95%置信区间		
				下限	上限	是否包括0
预订意愿	与房东的社交意愿	0.486	0.080	0.344	0.662	否
	与其他游客的社交意愿	0.208	0.062	0.100	0.344	否

表5-26和图5-23分别展示了感知房东可信任对消费者支付钱数意愿的影响结果及模型图。回归模型1、模型2、模型4及模型5的结果显示，感知房东可信任及公共空间氛围对受访者与房东的社交意愿（β=0.558，p<0.01；β=0.448，p<0.01）及其他游客的社交意愿（β=0.364，p<0.01；β=0.327，p<0.01）的影响均显著，且在两种有形性线索共同驱动下，模型的R^2显著提升。将两种社交意愿变量加入有形性线索对消费者支付钱数意愿影响模型8中，结果发现房东可信任（β=0.303，p<0.01）、公共空间氛围（β=0.425，p<0.01）、受访者与房东的社交意愿（β=0.909，p<0.01）、与其他游客的社交意愿（β=0.114，p<0.01）对消费者支付钱数意愿影响均显著，但感知房东可信任及公共空间氛围对消费者支付钱数意愿的影响减小。如表5-27及表5-28所示，通过Bootstrap方法的中介效应检验发现，两种类型社交意愿的中介效应在心理有形性线索驱动下的消费者支付钱数意愿模型中显著（β=19.804，95%的置信区间为［10.567，30.122］，不包括0；β=13.309，95%的置信区间为［5.858，22.070］，不包括0），同样，两种类型社交意愿的中介效应在物理有形性线索驱动下的消费者支付钱数意愿模型中显著（β=32.707，95%的置信区间为［19.732，48.528］，不包括0；β=19.764，95%的置信区间为［7.529，34.473］，不包括0），说明受访者与房东的社交意愿及与其他游客意愿的社交意愿在两种有形性线索驱动的消费者支付钱数意愿模型中均

起到部分中介作用。研究结果支持 H1c、H2c、H3a、H3b、H4c、H4d、H5c 及 H5d。本章验证了物理有形性及心理有形性双线索驱动下的消费者消费决策模型，并探讨了感知房东可信任及不同类型社交意愿在模型中的中介作用。

表 5-26 物理有形性线索及心理有形性线索对消费者支付钱数意愿的影响

变量	与房东的社交意愿			与其他游客的社交意愿			支付钱数意愿	
	模型 1	模型 2	模型 3	模型 4	模型 5	模型 6	模型 7	模型 8
感知房东可信任	0.558***		0.503***	0.448***		0.396***	0.393***	0.303***
公共空间氛围		0.364***	0.255***		0.327***	0.241***	0.475***	0.425***
与房东的社交意愿								0.909***
与其他游客的社交意愿								0.114***
R^2	0.295	0.132	0.357	0.206	0.107	0.260	0.458	0.482
调整后的 R^2	0.293	0.130	0.354	0.204	0.105	0.256	0.455	0.476

注：*p<0.1，**p<0.05，***p<0.01。

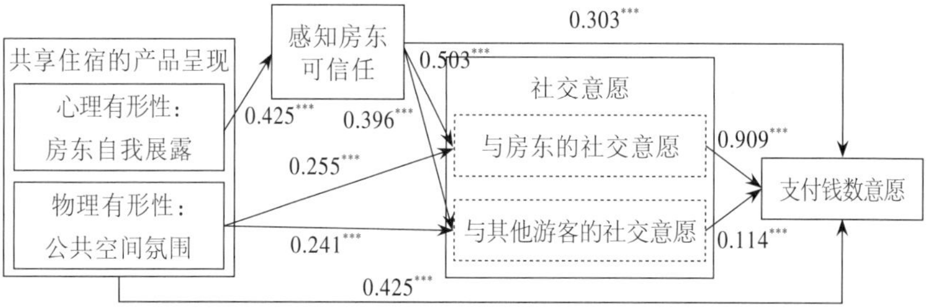

图 5-23 有形性双线索驱动对消费者支付钱数意愿的影响模型结果

表 5-27 社交意愿在感知房东可信任与支付钱数意愿关系中的中介效应

模型	中介变量	效应	标准误	95% 置信区间		
				下限	上限	是否包括 0
支付钱数意愿	与房东的社交意愿	19.804	4.927	10.567	30.122	否
	与其他游客的社交意愿	13.309	4.096	5.858	22.070	否

表5-28 社交意愿在房源公共空间氛围与支付钱数意愿关系中的中介效应

模型	中介变量	效应	标准误	95%置信区间		
				下限	上限	是否包括0
支付钱数意愿	与房东的社交意愿	32.707	7.401	19.732	48.528	否
	与其他游客的社交意愿	19.764	6.733	7.529	34.473	否

5.5 研究四：消费者共享住宿经历在有形性双线索驱动共享住宿决策模型中的调节作用研究

5.5.1 研究介绍

在上一小节建立了物理有形性及心理有形性双线索驱动下的消费者决策模型的基础上，本节我们进一步分析消费者因素对模型的影响作用。本章在有形性双线索驱动的消费者共享住宿决策模型中加入了消费者共享住宿的经历这一变量，探讨不同共享住宿体验经历的消费者对消费者决策模型是否存在影响。本章使用的基础模型与上一节的研究一致，在加入消费者共享住宿经历这一变量后，最终建立被消费者共享住宿经历调节的物理有形性及心理有形性双线索驱动下的消费者决策模型。

5.5.2 研究假设与研究模型

消费者因素会影响消费者的决策。已有研究探讨了消费者因素及其对购买决策过程的各个阶段的影响（Chowdhury等，2009；Ranaweera等，2005；Simon，1960），且重点关注了因人而异的消费者特征的影响。研究发现，消费者人口统计特征及消费者对产品认识的相关特征等因素，如消费者基本情况和消费者的产品参与等对消费者消费决策有影响（Chowdhury等，2009）。有研究发现消费者的决策风格和对产品先前的了解也是影响消费者在线消费行为的重要因素，了解更多产品知识的消费者决策时间更多，且更容易产生决策行为（Karimi等，2015）。虽然现有研究已探讨了消费者特征对消费决策的影响，但在场景中，关于消费者对产品有形性线索呈现的反应是否会因个体差异而不同这一问题还没有被深入探讨。基于有形性理论，之前的研究认为消费者的特异性，即消费者描述和识别产品的能力是影响者消费决策的因素，而这一因素大多由消费者之前消费的经历决定（Laroche等，2004）。由于共享住宿在中国仍处于新兴发展阶段，消费者共享住宿的体验经历存在差异。因此，共享住宿的体验经历可以用于识别消费者对共享住宿产品的了解程度。基于此，本章在研究三提出的研究假设基础上，增加如下研究假设并建立了受到调节作用的物理有形性及心理有形性双线索驱动下的消费者预订意愿模型（如图5-24所示）、受到调节作用的物理有形性及心理有形性双线索驱动下的消费者支付钱数的模型（如图5-25所示）。

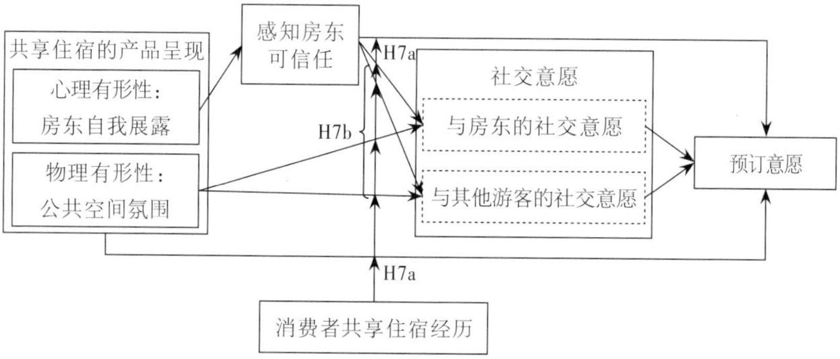

图5-24 存在消费者共享住宿经验调节作用的有形性线索对消费者预订意愿的影响模型

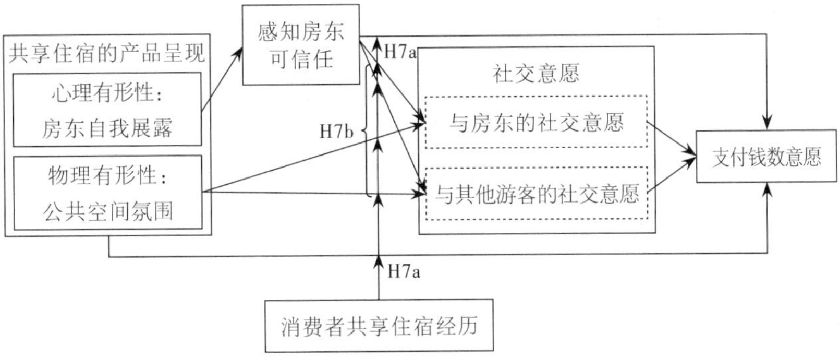

图5-25　存在消费者共享住宿经验调节作用的有形性线索对消费者支付钱数意愿的影响模型

H7：消费者共享住宿的体验经历会在有形性线索对消费决策的影响关系中起到调节作用

H7a：消费者共享住宿的体验经历会在有形性线索对其不同社交意愿的影响关系中起到调节作用

H7b：消费者共享住宿的体验经历会在有形性线索对其消费决策意愿的影响关系中起到调节作用

5.5.3　研究设计

本章沿用研究三的研究设计和研究数据，将问卷最后一部分关于消费者共享的体验经历数据进行分类，如果消费者有过共享体验经历，则将该条数据消费者共享住宿经历变量编码为1；如果消费者没有过共享体验经历，则将该条数据消费者共享住宿经历变量编码为0。

5.5.4　研究结果

1）描述性统计及组别差异分析

描述性统计结果显示在400位受访者中，有198位受访者有过共享住宿经历，有202位受访者没有过共享住宿经历。图5-26展示了有过共享住宿经历的受访者与没有过共享住宿经历的受访者各变量的均值对比。独立样本T检验的结果显示，有过共享住宿经历的受访者的感知房东可信任程度（M=5.13，SD=1.15）显著高于没有过共享住宿经历的受访者的感知房东可信任程度（M=4.81，SD=1.09），t=2.88，p<0.01；有过共享住宿经历的受访者与房东社交的意愿（M=5.74，SD=0.69）显著高于没有过共享住宿经历的受访者与房东社交的意愿（M=4.54，SD=1.22），t=12.15，p<0.01；有过共享住宿经历的受访者与其他游客社交意愿（M=5.57，SD=0.74）显著高于没有过共享住宿经历的受访者与其他游客社交意愿（M=4.53，SD=1.20），t=10.50，p<0.01；有过共享住宿经历的受访者预订意愿（M=5.45，SD=1.10）显著高于没有过共享住宿经历的受访者预订意愿（M=4.54，SD=1.45），t=7.10，p<0.01；有过共享住宿经历的受访者支付钱数意愿（M=454.30，SD=213.55）显著高于没有过共享住宿经历的受访者支付钱数意愿（M=381.16，SD=167.77），t=3.80，p<0.01。

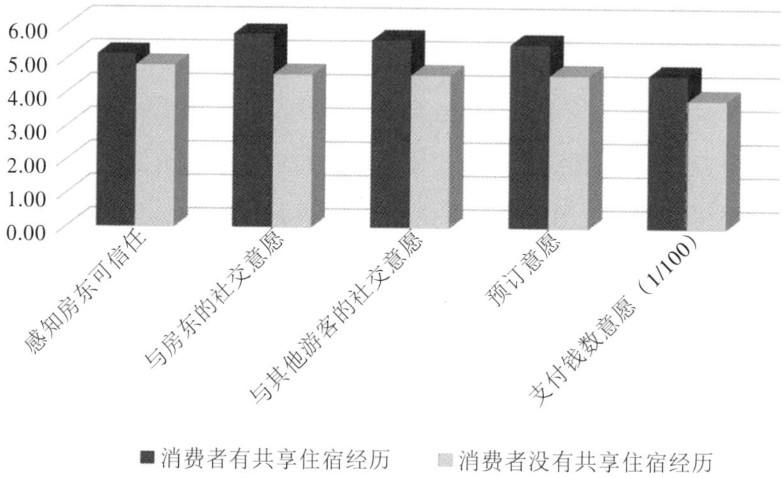

图5-26　消费者有共享住宿经历与消费者没有共享住宿经历各变量均值差异

2）消费者共享住宿经历的调节作用检验

（1）消费者共享住宿经历在有形线索对消费者社交意愿影响中的调节作用

在研究三的基础上，本章首先检验消费者共享住宿经历在物理有形性及感知房东可信任对受访者与房东的社交意愿及与其他游客的社交意愿的调节效应，接着探讨了消费者共享住宿经历对存在中介效应的消费者共享住宿决策模型的调节效应。本研究分别以受访者与房东的社交意愿及与其他游客的社交意愿为因变量建立两个模型，并结合线性回归方法和Process中的Model 8，基于Bootstrap方法，样本量为5 000，在95%置信区间下检验消费者共享住宿经历的调节作用。

本章首先检验消费者共享住宿经历在物理有形性及感知房东可信任方面对受访者与房东的社交意愿及与其他游客的社交意愿的调节效应。表5-29展示了感知房东可信任、公共空间氛围、消费者共享住宿经历、感知房东可信任与消费者共享住宿经历的乘积项及公共空间氛围与消费者共享住宿经历的乘积项对两种社交意愿的影响结果。回归模型1及回归模型3的结果显示，感知房东可信任（$\beta=0.413$，$p<0.01$；$\beta=0.334$，$p<0.01$）、公共空间氛围（$\beta=0.286$，$p<0.01$；$\beta=0.266$，$p<0.01$）及消费者共享住宿经历（$\beta=0.468$，$p<0.01$；$\beta=0.424$，$p<0.01$）对受访者与房东的社交意愿及与其他游客的社交意愿存在积极影响；但将两个乘积项加入模型2及模型4分析对受访者与房东的社交意愿的影响时，我们发现了一个有意思的结果，感知房东可信任与消费者共享住宿经历的乘积项（$\beta=-0.549$，$p<0.01$；$\beta=-0.485$，$p<0.01$）及公共空间氛围与消费者共享住宿经历的乘积项（$\beta=-0.243$，$p<0.01$；$\beta=-0.153$，$p<0.01$）对房东的社交意愿及与其他游客的社交意愿都存在显著负向影响，说明消费者共享住宿经历调节了有形性线索对受访者与房东的社交意愿及与其他游客的社交意愿，且调节作用为负向。图

5-27展示了消费者有无共享住宿经历对物理有形性线索对不同类型社交意愿影响的调节作用，图5-28展示了消费者有无共享住宿经历对感知房东可信任对不同类型社交意愿影响的调节作用。图5-27显示，当消费者受到共享住宿物理有形性线索刺激，尽管没有过共享住宿经历的消费者与房东及游客的社交意愿的起始值比有过共享住宿经历的消费者低，但物理有形性线索对其社交意愿的影响斜率更大，两种社交意愿增长的速度更快。从图5-28可以看出，当消费者受到共享住宿心理有形性线索刺激，没有过共享住宿经历的消费者与房东及游客的社交意愿的起始值与有过共享住宿经历的消费者相似，但心理有形性线索对其社交意愿的影响斜率更大，两种社交意愿增长的速度更快，这说明对于没有过共享住宿经历的消费者而言，物理有形性线索及心理有形性线索的刺激都对其社交意愿的积极影响更大。研究结果支持H7a。

表5-29　**存在消费者共享住宿经历调节的有形性线索对消费者社交意愿的影响模型检验**

变量	与房东的社交意愿		与其他游客的社交意愿	
	模型1	模型2	模型3	模型4
感知房东可信任	0.413***	0.536***	0.334***	0.442***
公共空间氛围	0.286***	0.427***	0.266***	0.354***
消费者共享住宿经历	0.468***	1.116***	0.424***	0.961***
感知信任*消费者经历		-0.549***		-0.485***
公共空间氛围*消费者经历		-0.243***		-0.153**
R^2	0.571	0.612	0.436	0.458
调整后R^2	0.568	0.607	0.431	0.451

注：*p<0.1，**p<0.05，***p<0.01。

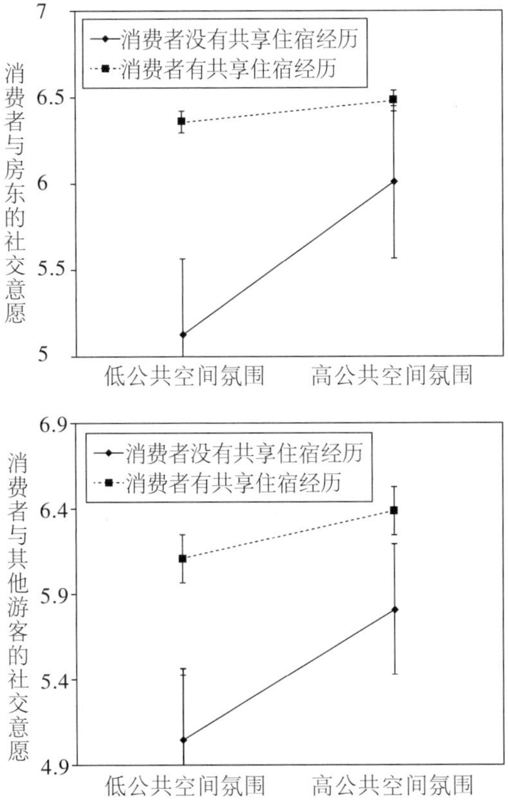

图5-27　消费者共享住宿经历对公共空间社交氛围和不同类型社交意愿关系的调节效应图

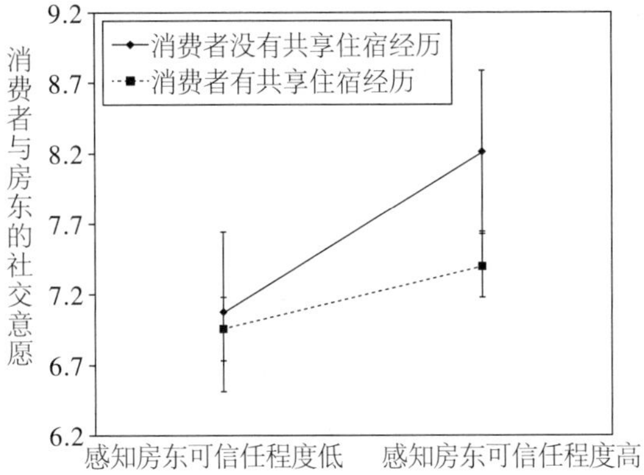

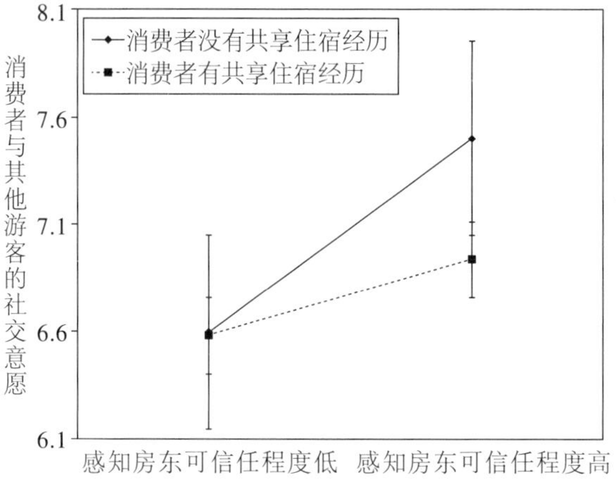

图5-28　消费者共享住宿经历对感知房东可信任和不同类型社交意愿关系的调节效应图

（2）消费者共享住宿经历对消费者住宿消费决策综合模型的调节作用

下面进一步探讨消费者共享住宿经历对存在中介效应的消费者共享住宿消费决策模型的调节效应。表5-30展示了感知房东可信任、公共空间氛围、消费者共享住宿经历、感知房东可信任与消费者共享住宿经历的乘积项、公共空间氛围与消费者共享住宿经历的乘积项及两种社交意愿对消费者预订共享住宿意愿及支付钱数的意愿影响结果。在消费者预订共享住宿意愿的模型中，回归模型3的结果显示，当存在两种社交意愿的中介变量时，感知房东可信任与消费者共享住宿经历的乘积项（$\beta=0.142$，$p>0.1$）及公共空间氛围与消费者共享住宿经历的乘积项（$\beta=0.023$，$p>0.1$）对消费者预订共享住宿意愿的影响都不显著，说明消费者共享住宿在有形性线索和消费者预订共享住宿意愿关系中不存在调节作用。在消费者支付钱数意愿的模型中，回归模型6的结果显示，当存在两种社交意愿的中介变量时，感知房东可信任与消费者共享住宿经历的乘积项（$\beta=0.362$，$p<0.01$）及公共空间氛围与消费者共享住宿经历的乘积项（$\beta=0.200$，$p<0.01$）对消费者支付钱数意愿的影响都存在显著正向影响，说明消费者共享住宿经历在有形性线索和消费者支付钱数的意愿关系中存在调节作用且调节作用为正向。图5-29展示了消费者有无共享住宿经历在物理有形性线索驱动的消费者支付钱数意愿模型中的调节作用，图5-30展示了消费者有无共享住宿经历在心理有形性线索驱动的消费者支付钱数意愿模型中的调节作用。从图5-29可以看出，当消费者受到共享住宿物理有形性线索刺激时，尽管有过共享住宿经历的消费者支付钱数意愿的起始值与没有过共享住宿经历的消费者相似，但物理有形性线索对其支付钱数意愿的影响斜率更大，支付钱数意愿增长速度更快。从图5-30可以看出，当消费者受到共享住宿心理有形性线索刺激时，有过共享住宿经历的消费者支付钱数意愿的起始值比没有过共享住宿经历的消费者高，且心理有形性线索对其支付钱数意愿的影响斜率更大，支付钱数意愿增长的速度更快，这说明对于有过共享住宿经历的消费者而言，无论是物理有形性线索还是心理有形性线索的刺激都对其支付钱数的意愿的积极影响更大。

表5-30　**存在消费者共享住宿经历调节的有形性线索对消费者消费决策影响模型检验**

变量	预订意愿			支付钱数意愿		
	模型1	模型2	模型3	模型4	模型5	模型6
感知房东可信任	0.416***	0.459***	0.137**	0.366***	0.310***	0.202***
公共空间氛围	0.266***	0.331***	0.074	0.484***	0.394***	0.308***

续表

变量	预订意愿			支付钱数意愿		
	模型 1	模型 2	模型 3	模型 4	模型 5	模型 6
消费者共享住宿经历	0.283***	0.529***	-0.151	0.150***	-0.170	-0.398*
感知信任*消费者经历		-0.194	0.142		0.248	0.362***
公共空间氛围*消费者经历		-0.113*	0.023		0.156**	0.200***
与房东的社交意愿			0.428***			0.118**
与其他游客的社交意愿			0.210***			0.101***
R^2	0.402	0.409	0.529	0.480	0.493	0.507
调整后 R^2	0.397	0.401	0.520	0.476	0.487	0.499

注：*p<0.1，**p<0.05，***p<0.01。

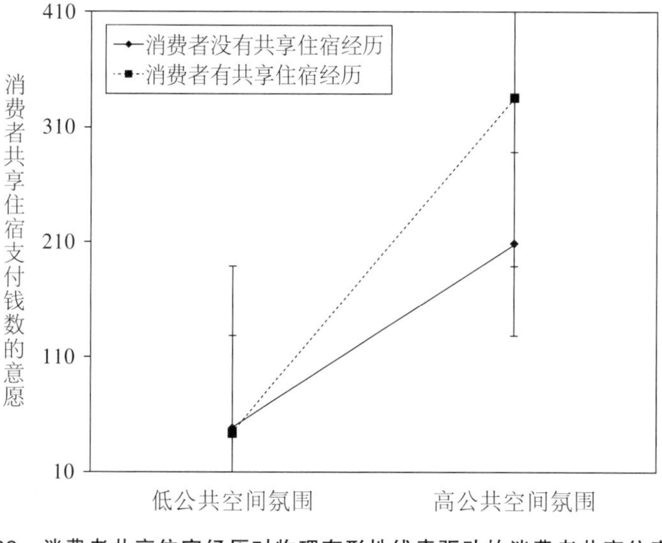

图 5-29　消费者共享住宿经历对物理有形性线索驱动的消费者共享住宿支付钱数模型的调节效应图

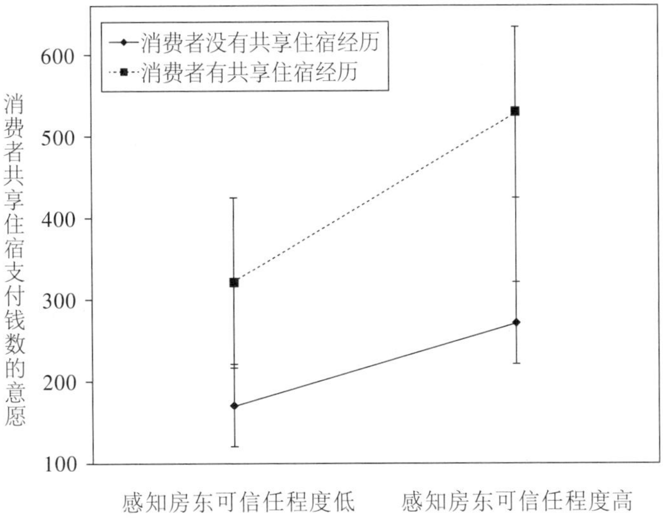

图5-30　消费者共享住宿经历对心理有形性线索驱动的消费者共享住宿支付钱数模型的调节效应图

通过Bootstrap方法的被调节的中介效应模型检验可以发现（见表5-31），在消费者有和没有共享住宿经历的条件下，消费者两种社交意愿对物理有形性线索驱动下的消费者不同消费决策的中介效应显著（置信区间不包括0）；进一步通过Process对有调节的中介模型检验可以发现（见表5-32），在两种消费决策模型中，物理有形性线索驱动下受消费者共享住宿经历调节及社交意愿中介的被调节中介模型都显著（置信区间不包括0）。同样，如表5-33所示，在消费者有和没有共享住宿经历的条件下，消费者两种社交意愿对心理有形性线索驱动下受消费者共享住宿经历调节及社交意愿中介的被调节中介模型都显著（置信区间不包括0）；进一步通过Process对有调节的中介模型检验发现（见表5-34），在两种消费决策模型中，心理有形性线索驱动下受消费者共享住宿经历调节的中介模型都显著（置信区间不包括0），结合之前回归分析的研究结果可以看出，在消费者预订意愿模型中，调节效应存在于有形性线索对社交意愿的影响关系中，研究结果支持H7a；在消费者预订意愿模型中，调节效应不仅存在于有形性线索对社交意愿的影响关系中，也存在于有形性线索对消费者支付钱数意愿的消费决策中，研究结果支持H7a及H7b。综合而言，研究结果支持H7。

表5-31 不同消费者共享住宿经历下社交意愿在物理有形性线索对消费决策影响的中介作用检验

模型	中介变量	消费者共享住宿经历	效应	标准误	95%置信区间		
					下限	上限	是否包括0
预订意愿	与房东的社交意愿	0	0.764	0.122	0.543	1.026	否
	与房东的社交意愿	1	0.304	0.068	0.188	0.456	否
	与其他游客的社交意愿	0	0.301	0.090	0.145	0.504	否
	与其他游客的社交意愿	1	0.156	0.048	0.078	0.265	否
支付钱数意愿	与房东的社交意愿	0	30.152	6.770	18.533	44.932	否
	与房东的社交意愿	1	16.069	3.752	9.761	24.506	否
	与其他游客的社交意愿	0	0.301	0.090	0.145	0.504	否
	与其他游客的社交意愿	1	0.156	0.048	0.078	0.265	否

表5-32 物理有形性线索驱动下有调节的中介模型判定

模型	中介变量	判定指数	标准误	95%置信区间		
				下限	上限	是否包括0
预订意愿	与房东的社交意愿	−0.460	0.116	−0.703	−0.247	否
	与房东的社交意愿	−0.145	0.069	−0.312	−0.037	否
支付钱数意愿	与其他游客的社交意愿	−33.873	10.549	−58.750	−16.562	否
	与其他游客的社交意愿	−13.505	6.300	−29.230	−3.851	否

表 5-33　不同消费者共享住宿经历下社交意愿在心理有形性线索对消费决策影响的中介作用检验

模型	中介变量	消费者共享住宿经历	效应	标准误	95%置信区间		
					下限	上限	是否包括0
预订意愿	与房东的社交意愿	0	0.354	0.053	0.262	0.472	否
	与房东的社交意愿	1	0.189	0.039	0.122	0.280	否
	与其他游客的社交意愿	0	0.301	0.090	0.145	0.504	否
	与其他游客的社交意愿	1	0.156	0.048	0.078	0.265	否
支付钱数意愿	与房东的社交意愿	0	56.267	12.797	34.307	84.741	否
	与房东的社交意愿	1	22.394	5.646	12.992	35.547	否
	与其他游客的社交意愿	0	18.095	5.172	9.072	29.417	否
	与其他游客的社交意愿	1	9.628	3.048	4.666	16.929	否

表 5-34　心理有形性线索驱动下有调节的中介模型判定

模型	中介变量	判定指数	标准误	95%置信区间		
				下限	上限	是否包括0
预订意愿	与房东的社交意愿	-0.165	0.048	-0.272	-0.080	否
	与房东的社交意愿	-0.068	0.031	-0.142	-0.020	否
支付钱数意愿	与其他游客的社交意愿	-14.083	5.182	-26.607	-5.886	否
	与其他游客的社交意愿	-8.466	3.903	-18.568	-2.632	否

5.6　结论与讨论

本章通过四个实验深入探讨了有形性线索对消费者决策的影响作

用机理，验证了物理有形性线索及心理有形性线索驱动的消费者消费决策模型。本章将消费决策细化为消费者在共享住宿平台的预订意愿及支付钱数意愿，探讨有形性线索对消费者不同消费决策的影响差异；将消费者共享住宿的社交意愿细化为消费者与房东的社交意愿及消费者与其他游客的社交意愿，探讨不同类型社交意愿在决策模型中的中介作用。同时，本章也挖掘了感知房东可信任在心理有形性线索及社交意愿间的中介作用，进一步分析了心理有形性线索与社交意愿的内在影响机制。最后，本章验证了物理有形性线索及心理有形性线索驱动的消费者消费决策综合模型，并探讨了消费者共享住宿的体验经历在模型中的调节作用。

6

研究结论、管理建议及研究展望

6.1 研究结论

本书基于对已有文献和理论的梳理，通过三个实证研究——消费者共享住宿有形性线索的感知研究、物理有形性线索与心理有形性线索对消费者决策的影响研究以及有形性双线索驱动的消费者决策模型的内在机理研究，探讨了共享住宿情境中的物理有形性线索与心理有形性线索的呈现方式，建立了物理有形性与心理有形性双线索驱动的综合消费者决策模型。该模型探讨了物理有形性线索与心理有形性线索对消费者决策的影响，识别了模型中不同类型社交意愿及感知房东可信任的中介作用，并分析了消费者共享住宿经历对模型的调节作用。

本书的主要研究结论可归纳如下：

（1）本书第3章为消费者共享住宿有形性双线索的感知研究。本章检验了基于文献综述确定的本书关注的共享住宿环境、房东等有形性线索的合理性，并初步分析了环境因素、房东因素及社交因素之间的相关关系，为建立的共享住宿决策模型中加入环境相关变量、房东相关变量及社交相关变量提供了数据分析支持，也为后续共享住宿消费者决策模型的建立奠定了基础。

本章首先基于游客真实共享住宿在线平台的评论数据，通过对数据的清洗及预处理、文本数据向量化等技术，建立游客在线评论词向量库，分析评论数据中的高频词并绘制出词云图，发现消费者关注共享住宿房间、房东、位置、住宿类型等相关内容。其次，本章通过LDA线性判别分析等大数据方法，基于困惑度指数确定了适合词库的主题数，并识别了游客在共享住宿体验中关注的重点主题。研究确定了游客感知共享住宿的6个重点主题，分别为“环境”主题、“社交”主题，“体验”主题、“房东”主题、“房间”主题及“性价比”主题，其中主题2“社交”和主题4“房东”都突出了游客在共享住宿中关注的社交相关内容。“环境”主题的内容与共享住宿的外在环境及内在环境相关，说明游客不仅关注共享住宿房间的内在环境，同时也关注房间以外的环境；公共社交空间相关词语也在“环境”主题的内容中出现，说明游客关注到了共享住宿公共社交环境的作用；“社交”主题的内容与游客在共享住宿环境中与房东的社交体验相关；而“房东”主题与游客在共享住宿中与房子的老板、老板娘的社交互动相关。最后，本章基于PyLDAvis算法探讨了主题间的关系并可视化呈现了主题间的相关性，对每个主题的内涵进行了深入分析，对各主题分布的概率进行了比较，并基于K-Means无监督聚类算法对主题的聚合效果进行了稳健性检验。研究发现，“环境”主题、“社交”主题与“房东”主题的关系比较紧密，存在相关关系。“环境”主题与“社交”主题有一部分重叠的关系，都包括了社交环境的内容；“房东”主题有一大部分包含在“社交”主题之中，说明房东因素是游客共享住宿社交体验的重要组成部分，而社交属性中除了房东因素外，还包括社交环境等因素；“房间”主题包含在“体验”主题内，说明了游客房间内的体验是游客住宿整体体验的组成部分。主题6“性价比”独立存在，与其他评论主题没有交集。不仅如此，本章还检验了主题属性内容的准确性，发现各个主题的概率占比存在差异，游客最关注共享住宿中的环境及社交属性，其次关注共享住宿的整体体验及与房东的交流感受，再次关注共享住宿中的房间属性，最后关注共享住宿的性价比。而本书关注的共享住宿环境属性、社交属性及房东属性分布在所有主题中占比位列第一位、第二位和第四位，说明环境、社交及房东因素对成功在线预订了共享住宿的游客的影响较大。通过K-Means算法对主题的聚合效果进行稳健性检验发现，6个主题中文本分布均匀，每条评论在隶属主题下的聚类效果较好。本章探讨了已经通过线上的方式预订了共享住宿的游客对共享住宿有形性线索的感知，识别了游客选择共享住宿体验时的重点关注因素，发现“环境”主题、“社交”主题与“房东”主题关系紧密，存在相关关系，为在建立的共享住宿决策模型中加入环境相关变量、房东相关变量及社交相关变量提供了数据分析支持，也为后续共享住宿消费者决策模型的建立奠定了基础。

（2）本书第4章为物理有形性线索与心理有形性线索对消费者共享住宿决策的影响研究。本章基于共享住宿平台真实房源的数据，探讨了物理有形性线索与心理有形性线索对消费者决策的影响。为进一步细化有形性线索这一变量的影响，我们对物理有形性线索及心理有形性线索进行了进一步分类。在本章中解决了两个研究问题，一是物理有形性线索及心理有形性线索呈现与否对消费决策的影响，二是物理有形性线索及心理有形性线索呈现的质量对消费决策的影响，并针对两个研究问题进行了研究。本研究也探讨了共享住宿的消费环境的特殊性，即消费者社交意愿的重要作用，分析了社交意愿在有形性线索与消费者决策的关系中的影响作用。

研究一探讨了物理有形性线索及心理有形性线索的呈现与否对消费决策的影响。本研究用房源是否呈现公共空间的照片来测量共享住宿物理有形性线索的呈现，用房源房东在头像照片中是否进行自我展露来测量共享住宿心理有形性线索的呈现。通过识别每个房源公共空间的图片呈现和房东头像照片的图片呈现，分析了每个房源的公共空间呈现（即物理有形性线索）和每个房源房东的自我展露（即心理有形性线索）对消费者社交意愿的影响及进一步对消费者消费决策的影响。研究发现，共享住宿房源的公共空间呈现和房东的自我展露对消费者的社交意愿有积极的影响，也会对消费者消费决策有进一步的积极影响。研究发现，社交意愿在房源的公共空间呈现与房东的自我展露对消费决策的影响关系中起到中介作用，在房源的公共空间呈现对消费决策的影响中起到完全中介作用，即房源公共空间呈现这一物理有形性线索的刺激是完全经由个体社交意愿的产生进而促使消费者产生消费决策。社交意愿在房东的自我展露对消费决策的影响关系中起到部分中介作用，说明房东的自我展露这一心理有形性线索的刺激只有一部分经由个体社交意愿的产生进而促使消费者产生消费决策。本章研究结果首先回应了共享住宿的相关研究（Rutkowski等，2004；Ert等，2016；Xie和Mao，2017；Lyu等，2019），也回应了有形性相关研究，即心理有形性因没有物理有形性线索可提供的感官可及性，需要消费者更多地思考其线索的内涵（Nepomuceno等，2012），因此，消费者对心理有形性线索刺激的反应可能没有对物理有形性线索刺激的反应直接。

研究二探讨了物理有形性线索及心理有形性线索呈现的质量对消费决策的影响。本研究通过机器学习等大数据技术进一步对共享住宿平台房源的视觉呈现进行了分析，用房源呈现的公共空间氛围来测量共享住宿物理有形性线索呈现的质量，用房源房东在头像照片中自我展露的程度来测量共享住宿心理有形性线索呈现的质量。本研究通过机器学习图片识别技术对共享住宿公共空间呈现的图片进行了色彩识别，并进一步判断了色彩的色暖度、公共空间图片呈现的环境氛围及物理有形性的呈现质量。本研究还对房东展示自我形象的照片进行精细化检查，将照片中的人脸是否有遮挡及遮挡的程度作为露脸的权重，并通过人脸识别技术判断房东露出的脸部面积，计算房东自我展露的程度，即心理有形性的呈现质量。研究发现，共享住宿房源的公共空间氛围和房东的自我展露程度对消费者的社交意愿有积极的影响，也会对消费者消费决策有进一步的积极影响。研究发现了社交意愿在房源的公共空间氛围与房东的自我展露程度对消费决策的影响关系中都起到部分中介作用，物理有形性线索的质量和心理有形性线索的质量都部分经由个体社交意愿的产生进而促使消费者进行消费决策。本章的研究结果首先回应了共享住宿的相关研究，即房源的氛围与房东在照片中的表现会积极影响消费的消费决策（Zemke，2007，2008；Lee 等，2018；Norris，2018；Schmidt 和 Cohn，2001；Fagerstrøm，2017）。同时，本章的研究结果也回应了有形性相关研究，即视觉呈现的程度越大，如照片的尺寸越大、内容越丰富，消费者越容易产生消费的意愿（Kim 和 Lennon，2000）。

本章的一个有趣的发现是，共享住宿物理有形性线索及心理有形性线索的呈现对消费者社交意愿的积极影响作用大于共享住宿物理有形性线索及心理有形性线索呈现质量对消费者社交意愿的积极影响，但在对共享住宿消费决策的影响中，物理有形性线索及心理有形性线索呈现质量对消费决策产生的积极贡献更大。我们可以认为，有形性线索呈现的刺激会让消费者机体产生直接反应，但这种刺激的作用不一定会延续到对其行为的影响，而有形性线索呈现的质量影响更加长远，会对消费者最终行为的决策产生更深的影响。

（3）本书第5章为有形性双线索驱动的消费者共享住宿决策模型的内在机理研究。本章通过四个实验研究深入探讨了有形性线索对消费者决策的影响作用机理，验证了物理有形性线索及心理有形性线索驱动的消费者消费决策模型。本章将消费决策细化为消费者在共享住宿平台的预订意愿及支付钱数意愿，探讨有形性线索对消费者不同消费决策的影响差异；将消费者共享住宿的社交意愿细化为消费者与房东的社交意愿及消费者与其他游客的社交意愿，探讨不同类型社交意愿在决策模型中的中介作用。同时，本章也挖掘了感知房东可信任在心理有形性线索及社交意愿间的中介作用，进一步分析了心理有形性线索与社交意愿的内在影响机制。最后，本章验证了物理有形性线索及心理有形性线索驱动的消费者消费决策综合模型，并探讨了消费者共享住宿的体验经历在模型中的调节作用。

研究一探讨了物理有形性线索对消费者不同类型消费决策的影响及不同类型社交意愿在模型中的中介作用。通过预实验及主实验分析，研究发现了物理有形性线索对消费者共享住宿预订意愿及支付钱数的意愿有积极的促进作用，消费者与房东的社交意愿及与游客的社交意愿在物理有形性线索对消费者预订意愿及支付钱数的意愿的影响中都存在中介作用，但是在对预订意愿中的中介作用更大，这说明当消费者在共享住宿消费环境中受到物理有形性线索的刺激，如环境氛围舒适的公共空间照片，那么消费者会产生在环境中与房东或是与其他游客社交的意愿，并进一步产生预订该房源的意愿，本研究的研究结论回应了环境心理学的相关研究（Lee等，2018；Norris，2018），并发现尽管是在共享住宿平台呈现房源公共空间的照片，消费者仍然会产生与房东及同其他游客的社交意愿并会促进他们的预订行为。

研究二探讨了心理有形性线索对消费者共享住宿决策的影响及不同类型社交意愿在模型中的中介作用。心理有形性线索对消费者的刺激没有物理有形性线索直接，消费者在收到心理有形性线索时需要心理加工才能产生进一步的反应（Laroche等，2005）。在研究二中，我们在心理有形性线索对消费者消费决策影响的原始模型中，进一步探讨了感知房东可信任在心理有形性线索对消费者社交意愿影响的中介效应。研究二的研究结果发现，感知房东可信任在心理有形性线索对受访者与房东的社交意愿及与其他游客的社交意愿影响中存在中介效应，且为完全中介效应，说明房东展露自己的形象时，游客会首先产生对房东的信任感并进一步引发与其社交的意愿，这与社会渗透理论提出的高水平的自我展露被认为有助于个体在人与人关系中产生亲密感的结论一致。然而，我们还发现了一个有意思的结论，心理有形性线索刺激产生的消费者对房东的信任感除了会引发消费者与房东的社交意愿外，这种信任感也存在传递效应（张乐，2019），消费者在感知房东可信任后，也愿意在共享住宿中与其他游客社交。我们的研究结果也发现，感知房东可信任对消费者与房东的社交意愿的积极促进作用强于对其他游客的社交意愿的作用，说明心理有形性线索呈现对消费者的刺激影响具有对象一致性，即消费者会直接对心理有形性线索本身产生心理加工，并会对刺激对象产生更强的相关反应。研究二同样发现了消费者与房东的社交意愿及与游客的社交意愿在感知房东可信任对消费者预订意愿及支付钱数的意愿的影响中存在的中介作用，且在心理有形性线索驱动下，两种类型的社交意愿在消费者不同决策模型中都产生了部分中介作用，这说明信任感对消费者决策的直接影响仍然存在。因此，在研究二中我们发现了感知房东可信任及社交愿意在心理有形性线索对消费者消费决策中的重要作用，这两个因素会激发消费者产生预订该共享住宿决策并会愿意在这个住宿上消费更多。本研究也再次强调了房东个人特质在共享住宿中的重要作用（Kim 等，2008；Fagerstrøm，2017）。

研究三探讨了物理有形性及心理有形性双线索驱动的共享住宿决策模型及影响机理。本研究探讨了物理有形性线索及心理有形性线索同时存在的情况下对消费者决策的影响，建立了物理有形性及心理有形性双线索驱动下的消费者消费决策模型，并探讨了感知房东可信任及不同类型社交意愿在模型中的中介作用。在本研究中，我们设计了同时存在但程度不同的物理有形性线索及心理有形性线索的实验，形成了四种实验情境，分析物理有形性及心理有形性双线索驱动对消费者预订共享住宿和支付钱数的意愿影响。本研究验证了感知房东可信任在心理有形性线索对消费者社交意愿影响中的完全中介效应，并发现了物理有形性线索及心理有形性线索对消费者消费决策的积极影响及不同社交意愿在不同决策模型中的中介作用。研究结果发现，存在消费者不同类型社交意愿的中介下，心理有形性线索对消费者共享住宿预订意愿的影响更大，而物理有形性线索对消费者共享住宿支付钱数的意愿影响更大，这说明了消费者在消费平台花费钱数的意愿更多地取决于产品的物理有形性线索，如实体产品本身的质量或住宿的环境，而消费者在决定要不要在消费平台消费时，更关注与产品相关的心理有形性线索，比如这个住宿能带给消费者的除了居住以外的其他增值的体验。与此同时，本研究也发现不同社交意愿在有形性双线索驱动对消费者预订意愿的影响中的中介效果更大，这也与上文提到的研究结果一致，社交意愿的产生需要消费者的心理加工，心理有形性线索的刺激可能会增强社交意愿对消费决策的影响。本研究回应了有形性相关理论，即物理有形性线索和心理有形性线索都会促进消费者的消费决策（Verhagen，2016），同时验证了物理有形性及心理有形性双线索驱动下的消费者消费决策模型在共享住宿消费平台的适用性。

研究四探讨了消费者共享住宿经历在有形性双线索驱动共享住宿决策模型中的调节作用。之前的研究发现了消费者自身因素对消费者决策的影响作用（Chowdhury等，2009；Ranaweera等，2005），而有形性理论提出消费者描述和识别产品的能力是影响消费者决策的因素，而这一因素大多由消费者之前消费的经历决定（Laroche等，2004）。本研究探讨了消费者共享住宿的体验经历对物理有形性及心理有形性双线索驱动下的消费者决策模型的调节作用，将消费者分类为有过共享住宿的体验经历及没有过共享住宿的经历，并分析消费者的经历对研究三提出的有形性双线索驱动消费决策模型的调节影响，建立了一个有形性双线索驱动下受消费者共享住宿经历调节及存在社交意愿中介的综合模型。我们在研究中发现了消费者共享住宿的体验经历对模型的调节作用，且对中介变量及结果变量的调节方向不同。我们发现了一个有意思的结果，在有形性线索对消费者社交意愿的影响中，尽管没有过共享住宿经历的消费者在社交意愿的起始值与有过共享住宿经历的消费者相似或更低，但当存在了物理有形性线索刺激及心理有形性线索后，其社交意愿会显著增强，这说明没有过共享住宿的体验经历不仅不会阻碍消费者感知有形性线索刺激后产生社交意愿，还会由于对新鲜事物的好奇感，更多激发出其与房东及其他游客的社交意愿，这也证实了共享住宿存在较多的潜在消费者。而在有形性线索对消费者消费决策的影响中，消费者的共享住宿经历仅调节了有形性线索对消费者共享住宿支付钱数的意愿，有过共享住宿经验的消费者与没有过共享住宿经验的消费者相比，在受到有形性线索的刺激时，会促使他们在共享住宿上花费更多的钱。这可能因为有过共享住宿经历的消费者对共享住宿本身已经有较好的认知，优质的有形性线索可能直接让这些消费者识别到产品的高品质，并促使他们花费更多的钱；而没有过共享住宿经历的消费者对共享住宿不够了解，这些消费者已经对刺激产生较强的心理加工，但是这种意愿的影响还未能促成真正的行为反应。尽管有过共享住宿经历的消费者产生了很强的社交意愿，但在受到有形性线索刺激时，这些消费者的支付意愿仍不如没有过共享住宿经历的消费者强烈。本研究也进一步补充了消费者因素对其消费决策影响的相关研究（Chowdhury等，2009；Karimi等，2015），且发现了消费者因素在有形性线索驱动下对社交意愿及消费意愿不同方向的调节效果。本章通过四个实验研究，最终建立了一个综合完整的有形性双线索驱动的消费者决策模型，并在模型中验证了三个中介变量——感知房东可信任、消费者与房东的社交意愿、消费者与游客的社交意愿及一个调节变量——消费者共享住宿的经历对模型的重要作用。

6.2 管理建议

本书的研究结果为共享住宿运营商、共享住宿平台和传统酒店提供了具有一定的实践意义，对共享住宿运营商、共享住宿平台和传统酒店在实践中的管理建议如下：

6.2.1 对共享住宿运营商的管理建议

1）丰富共享住宿产品的视觉呈现

本书的研究结果发现，有形性线索对消费者消费决策有积极的影响，且视觉的呈现会增加消费的消费意愿。因此，共享住宿经营者应关注房源在平台上呈现的信息质量，增加房源的介绍信息及多种类型的可视化图片，让无形的预订体验变得更加“有形”。本书发现，社交体验作为共享住宿与传统酒店相比的特色优势，是消费者共享住宿体验中关注的重要因素，且研究发现共享住宿的公共环境展示会增强消费者的预订意愿并愿意支付更高的价格。因此，共享住宿经营者在呈现房源房间基本照片的基础上，应增加公共空间区域的照片呈现。与此同时，本书发现了有形性线索呈现的程度会促进消费者的消费决策，因此，除了呈现房源多场景的照片外，共享住宿经营者更应该关注共享住宿平台上呈现的照片的质量。另外，本书的研究结论发现，环境的氛围会积极影响消费者的社交意愿及消费意愿，且暖色调的环境图片会带来更高的环境氛围感知。因此，共享住宿经营应多呈现暖色调的住宿环境照片，提高照片的像素，使消费者感知到温暖舒适的住宿环境，进一步激发消费者预订该房源的意愿，并提升消费者愿意支付该房源的心理价格。本书建议共享住宿经营者除了增加房源的图片呈现外，未来也可以增加房源视频的呈现或实现房源AR虚拟访问体验，进一步提升消费者共享住宿预订过程中对房源环境的有形性体验。

2）增加共享住宿产品的信任标签

本书的研究结果发现，房东是消费者共享住宿消费决策中的重点关注因素，与房东的社交是消费者选择共享住宿而非传统酒店的重要原因。因此，共享住宿经营者应关注共享住宿平台房东信息呈现质量，增加优质的房东照片及介绍信息。本书发现，房东的自我展露会促进消费者的社交意愿及消费意愿，且这种影响机制的形成是基于消费者感知房东可信任产生的。因此，建议房东应在共享住宿平台房东照片部分选择自己露脸的照片，而非一般的文字或风景照片，提升消费者对房东的感知可信任程度。与此同时，本书发现，房东自我展露程度，即房东在照片中露脸的程度会进一步增强消费者感知房东可信任的程度，促进消费者的社交意愿及消费决策意愿。因此，房东在选择共享住宿平台上展现的照片时，建议除了要选择自己露脸的照片外，还要选择露脸程度更大且清晰度更高的照片。我们在对共享住宿平台上房东照片检测时发现，有些房东虽然选择了自己照片作为头像，但由于照片的像素太低，人脸无法被清晰地识别，阻碍了消费者对其信任感的产生，影响了消费者的预订体验。另外，我们也发现了由房东自我展露形成的消费者对房东的信任感存在传递效应，即当消费者产生了对房东的信任感后，除了激发其与房东的社交意愿外，也激发了其与住在这个共享住宿中其他游客的社交意愿，并进而提升消费者的消费意愿。因此，可结合共享住宿的环境呈现和房东自我呈现，为消费者产生社交意愿创造条件。另外，除了房东自我照片的呈现外，共享住宿也可以呈现其他能提升消费者对产品信任感的标签，如房源的好评率和房源提供的安全保障等。

3）提升共享住宿内公共空间环境

本书的研究结果表明，高氛围的公共空间会提升消费者与房东的社交意愿及与其他游客的社交意愿，促进消费者预订该共享住宿的意愿，增加消费者愿意支付该房源的心理价格。因此，建议共享住宿经营者提升共享住宿中公共空间的氛围，尽可能使用暖色调的环境设计，并增加提升氛围的装饰品，结合优美的背景音乐和舒适的环境气味，提升消费者在共享住宿中的综合体验。与此同时，本书的研究结果表明，消费者十分关注共享住宿中的社交体验。因此，建议共享住宿的经营者可以在共享住宿的公共空间内举办各种类型的社交活动，如主题派对、品酒会、咖啡鉴赏、版画制作等活动增强游客在共享住宿中的社交体验，全面提升消费者在共享住宿中的综合体验，以吸引更多消费者参与共享住宿中除住宿外的延伸体验，并提升共享住宿的口碑。另外，共享住宿可以在周末或假期组织团建活动、亲近自然及研学旅游打卡活动，在吸引外地游客的同时，也为本地游客提供集休闲娱乐、学习交流、康养等具有多功能属性的基于共享住宿的社交场所，丰富共享住宿的多维度发展。

6.2.2 对共享住宿平台的管理建议

1）优化用户共享住宿平台消费体验

本书发现，有形性线索的呈现会增加消费者对共享住宿的消费意愿。因此，共享住宿平台应优化平台的用户体验，建议设计快速的访问界面、简单的搜索路径等，并关注共享住宿的房源展示，尽可能多地展示房源的优质信息，提高消费者购物体验的愉悦程度及购物意愿。与此同时，本书发现，消费者十分关注共享住宿的社交体验，且共享住宿的公共环境展示会增强消费者的预订意愿并愿意支付更高的价格。因此，共享住宿需关注社交空间的重要作用，在共享住宿平台上有必要增加社交空间及其优美环境的展示，可以有针对性地建立上传共享住宿公共社交空间图片的板块，鼓励房东上传自己房源公共社交空间的照片。而进一步的研究也发现了房东自我展露对消费者的预订意愿和支付钱数意愿的影响。在实际数据的收集中，我们发现房东照片存在一些仅有少量文字或分辨率较低的无效照片，这导致了更低的游客选择。因此，共享住宿平台有必要对房东上传的头像照片进行审核，对上传的头像的分辨率进行最低的要求，且鼓励房东在照片露出自己真实的面容。

2）建立共享住宿平台信任评价指标

本书发现消费者由心理有形性线索激发的消费感知房东可信任会影响消费者的社交意愿及消费意愿，且这种信任会产生传递效应。因此，共享住宿平台除了鼓励房东更多地展露自我形象以增强消费者对房东的信任感外，也应在平台上提供更多可以激发消费者信任感的心理有形性线索，如增加房源质量保障标签、房源信任评价得分等线索。另外，值得注意的是，“超级房东”是共享住宿基于房东服务水平开发的信任标签，然而，在本书对这一标签数据的统计中发现，已经有超过80%的房东拥有此标签，在某种程度上“超级房东”已经失去了原本用来进行信任区分的意义，且研究也发现了共享住宿“超级房东”标签对消费者共享住宿的消费意愿影响已经不显著，因此有必要在“超级房东”这一信任标签的基础上设立额外的评价房源的指标，建议可以进一步对“超级房东”实施星级管理，促进房东的积极表现。

3）制定吸引潜在消费者的营销策略

本书发现了一个有趣的研究结论，消费者共享住宿经历对社交意愿及消费决策有相反调节作用。存在共享住宿舒适环境氛围及房东自我展露的刺激时，没有过共享住宿经历的消费者的社交意愿会显著增强，这说明了没有过共享住宿的体验经历不仅不会阻碍消费者感知有形性线索刺激后产生社交意愿，还会由于消费者对新鲜事物的好奇感，更多地激发出其与房东、与其他游客的社交意愿，但是研究也发现，由于没有过共享住宿经历的消费者对共享住宿产品不够了解，这些消费者受有形性线索刺激产生的社交意愿并没有转换为其接受更高的心理价格。这证实了共享住宿存在较多的潜在消费者，共享住宿平台应制定更多吸引新消费的营销策略，如新用户半价体验、新用户可获得增值服务等吸引消费者尝试共享住宿体验的营销方式。同时，平台也应该继续增加已有消费者的黏性，积极进行平台的促销活动，提供优惠券或共享住宿团购活动，刺激消费者的消费行为，并建立消费者有过共享住宿体验后平台上的评价奖励机制，提升特色共享住宿的曝光度，促进优秀共享住宿的口碑传播，增加共享住宿平台的活跃用户。另外，共享住宿平台应增加优质共享住宿的推介系统，将有特色的、高品质的民宿在平台首页重点推介，持续增加共享住宿优质房源对游客的吸引力。

6.2.3 对其他共享平台的管理建议

虽然本书的研究主体是共享住宿，但同样可以为其他共享平台（如共享汽车、共享办公室）提供一些管理建议。本书发现了物理有形性线索及心理有形性线索会对消费者消费决策产生积极的影响作用，因此共享平台应该关注不同线索的呈现及呈现的质量。建议共享汽车平台可以更加关注心理有形性线索的呈现，因为汽车本身具有较高的物理有形性，消费者可能对物理有形性刺激的反应不够敏感，但信任感被认为是消费者选择共享汽车要考虑的重要因素。因此，基于本书的研究结果，建议提升司机在平台上的自我展露程度，如增加司机的照片、评价得分等心理有形性线索，以提升消费者对司机的信任感，促进消费者的消费决策。而对于共享办公室等体验时间更长的消费情境，平台可以结合物理有形性及心理有形性双线索的呈现，如增加氛围良好的环境照片、经营者的个人信息等，让消费者感知舒适环境的同时，也感知到场所可以被信任，提升消费者的消费意愿。

6.3 研究不足与展望

虽然本书具有比较强的理论价值和实际意义，但研究仍然存在一定的不足，未来可以进一步扩展研究。首先，在大数据分析样本方面，我们选择了共享住宿发展在国内相对比较靠前的城市，研究结论对其他共享住宿发展处于初级阶段的城市仍需进一步被验证。未来可以选择更多的目的地进行进一步研究，如选择共享住宿规模不同、发展处于不同阶段的城市进行对比分析。其次，由于数据的可得性，在基于大数据分析的回归中，控制变量的纳入有限，未来可以探索更多可能影响消费者共享住宿社交行为的因素共同纳入回归模型以检验研究结论。最后，虽然我们使用人工方法结合机器学习方法共同识别共享住宿的公共空间及房东的图片，但在现实的检验中，仍有一小部分图片存在像素太低导致人脸模糊等情况，未来可以结合更加细粒度的技术手段，对图片进行精准识别，且可以进一步通过图片识别技术，分析消费者上传到房源评价的图片中与社交相关的符号，丰富研究变量的测量。

参考文献

[1] 池毛毛，潘美钰，王伟军. 线索一致性对共享住宿平台用户购买决策的影响研究：房客文本信息和房源图片信息的交互效应 [J]. 数据分析与知识发现，2020，4（11）：74-83.

[2] 董爽，汪秋菊. 基于LDA的游客感知维度识别：研究框架与实证研究——以国家矿山公园为例 [J]. 北京联合大学学报（人文社会科学版），2019，17（2）：42-49.

[3] 范楠，陈宏民. 共享住宿平台的多样化创新模式分析 [J]. 管理现代化，2020，40（2）：49-51.

[4] 胡姗，杨兴柱，王群. 国内外共享住宿研究述评 [J]. 旅游科学，2020，34（2）：41-57.

[5] 卢东，曾小桥，徐国伟. 基于扎根理论的共享住宿选择意愿影响因素及机理研究 [J]. 人文地理，2021，36（2）：184-192.

[6] 吕兴洋，杨玉帆，许双玉，等. 以情补智：人工智能共情回复的补救效果研究 [J]. 旅游学刊，2021，36（8）：86-100.

[7] 牛阮霞，何砚. 共享住宿中的信任研究综述——基于房东、房客的视角 [J]. 管理现代化，2020，40（3）：112-117.

[8] 孙玉玲，方向，李岸峰. 共享住宿平台消费者信任的形成机制——基于

扎根理论的案例探究［J］. 管理案例研究与评论，2022，15（1）：1-9.
［9］ 殷英梅，郑向敏. 共享型旅游住宿主客互动体验研究——基于互动仪式链理论的分析［J］. 华侨大学学报（哲学社会科学版），2017（3）：90-98.
［10］ 王春英，陈宏民. 共享短租平台住宿价格及其影响因素研究——基于小猪短租网站相关数据的分析［J］. 价格理论与实践，2018（6）：14-17.
［11］ 王萍，张仙锋，池毛毛. 共享住宿主体间信任研究综述：基于S-O-R框架的分析［J］. 电子政务，2019（12）：108-116.
［12］ 张乐. 共享短租中房客信任影响因素及信任传递研究［D］. 北京：北京邮电大学，2019.
［13］ ACKING B，KULLER R H.The perception of an interior as a function of its colour［J］. Ergonomics，1972，15（6）：645-654.
［14］ ADAMIAK C.Current state and development of Airbnb accommodation offer in 167 countries［J］. Current Issues in Tourism，2022，25（19），3131-3149.
［15］ AGTHE M，SPÖRRLE M，MANER J K.Does being attractive always help? Positive and negative effects of attractiveness on social decision making［J］. Personality and Social Psychology Bulletin，2011，37（8）：1042-1054.
［16］ AIRBNB. About us［EB/OL］.［2024-08-26］. https：//www. airbnb. com/about/about-us.
［17］ ALHELALAT J，HABIBALLAH M，TWAISSI N.The impact of personal and functional aspects of restaurant employee service behaviour on customer satisfaction［J］. International Journal of Hospitality Management，2017（66）：46-53.
［18］ ALI F，AMIN M，COBANOGLU C. An Integrated Model of Service Experience，Emotions，Satisfaction，and Price Acceptance：An Empirical Analysis in the Chinese Hospitality Industry［J］. Journal of Hospitality Marketing & Management，2015，25（4）：449-475.

[19] ALI F, KIM W, RYU K. The effect of physical environment on passenger delight and satisfaction: Moderating effect of national identity [J]. Tourism Management, 2016 (57): 213-224.

[20] ALTMAN I, TAYLOR D A. Social penetration: The development of interpersonal relationships [M]. Holt: Rinehart & Winston, 1973.

[21] AMARO S, MORGADO FERREIRA B, HENRIQUES C. Towards a deeper understanding of the purchase of souvenirs [J]. Tourism and Hospitality Research, 2020, 20 (2): 223-236.

[22] ARGO J J, DAHL D W, MANCHANDA R V. The influence of a mere social presence in a retail context [J]. Journal of Consumer Research, 2005, 32 (2): 207-212.

[23] AXHAUSEN K W. Social networks, mobility biographies, and travel: Survey challenges [J]. Environment and Planning B: Planning and Design, 2008 (35): 981-996.

[24] BAKER J, LEVY M, GREWAL D. An experimental approach to making retail store environmental decisions [J]. Journal of Retailing, 1992, 68 (4): 445.

[25] BARNES S J, KIRSHNER S N. Understanding the impact of host facial characteristics on Airbnb pricing: Integrating facial image analytics into tourism research [J]. Tourism Management, 2021 (83): 104235.

[26] BATESON J E. Conceptual and Theoretical Developments in Marketing: Why we need service marketing [C]. American Marketing Association, 1979: 131-146.

[27] BENTE G, BAPTIST O, LEUSCHNER H. To buy or not to buy: Influence of seller photos and reputation on buyer trust and purchase behavior [J]. International Journal of Human-Computer Studies, 2012, 70 (1): 1-13.

[28] BEN-SIRA Z. The function of the professional's affective behavior in client

satisfaction: A revised approach to social interaction theory [J]. Journal of Health and Social Behavior, 1976 (17): 3-11.

[29] BERLYNE D E. Aesthetics and psychobiology [M]. New York, NY: Appleton-Century-Crofts, 1976.

[30] BERRY L L. Services Marketing Is Different [J]. Business, 1980 (30): 16-23.

[31] BERTHON P, PITT L, KATSIKEAS CS, et al. Virtual services go international: International services in the marketspace [J]. Journal of International Marketing, 1999 (7): 84-105.

[32] BHATNAGAR A, MISRA S, RAO H R. On risk, convenience, and Internet shopping behavior [J]. Communications of the ACM, 2000, 43 (11): 98-105.

[33] BILGILI B, OZKUL E, KOC E. The influence of colour of lighting on customers' waiting time perceptions [J]. Total Quality Management & Business Excellence, 2020, 31 (9-10): 1098-1111.

[34] BITNER M J. Servicescapes: The impact of physical surroundings on customers and employees [J]. Journal of Marketing, 1992, 56 (2): 57-71.

[35] BLEI D M, NG A Y, JORDAN M I. Latent dirichlet allocation [J]. Journal of Machine Learning Research, 2003 (3): 993-1022.

[36] BRENDON C F. In e-commerce, customer trust is no longer an option: It is the requirement for success [C]. ASQ World Conference on Quality and Improvement Proceedings, 2002: 355.

[37] BRIDGES J, VÁSQUEZ C. If nearly all Airbnb reviews are positive, does that make them meaningless? [J]. Current Issues in Tourism, 2018, 21 (18): 2057-2075.

[38] BROEDER P, CRIJNS K. Self-disclosure and trust on Airbnb: A cross-

cultural perspective [C] //In Zimand-Sheiner D, Strovsky D, eds.Storytelling across platforms: Managing corporate and marketing communications from a storytelling perspective.Ariel University, 2019: 160-171.

[39] CAMILLERI J, NEUHOFER B.Value co-creation and co-destruction in the Airbnb sharing economy [J]. International Journal of Contemporary Hospitality Management, 2017, 29 (9): 2322-2340.

[40] CARPENTER A, GREENE K.Social penetration theory [M]. UK: John Wiley & Sons, Inc, 2015.

[41] CESARANI M, NECHITA F.Tourism and the sharing economy: An evidence from Airbnb usage in Italy and Romania [J]. Symphonya Emerging Issues in Management, 2017 (3): 32-47.

[42] CHAE S W, LEE K C. Exploring the effect of the human brand on consumers' decision quality in online shopping: An eye-tracking approach [J]. Online Information Review, 2013, 31 (1): 83-100.

[43] CHAN K W, YIM C K, LAM S S.Is customer participation in value creation a double-edged sword? Evidence from professional financial services across cultures [J]. Journal of Marketing, 2010, 74 (3): 48-64.

[44] CHIANG C F. Influences of price, service convenience, and social servicescape on post-purchase process of capsule hotels [J]. Asia Pacific Journal of Tourism Research, 2018, 23 (4): 373-384.

[45] CHOI B, KIM H S. The impact of servicescape on customer experience quality through employee-to-customer interaction quality and peer-to-peer interaction quality in hedonic service settings [J]. Asia Marketing Journal, 2015, 17 (2): 73-96.

[46] CHOI B J, KIM H S. The impact of outcome quality, interaction quality, and peer-to-peer quality on customer satisfaction with a hospital service [J]. Managing Service Quality: An International Journal, 2013, 23 (3):

188–204.

[47] CHOPDAR P K, BALAKRISHNAN J. Consumers response towards mobile commerce applications: SOR approach [J]. International Journal of Information Management, 2020 (53): 102106.

[48] CHOWDHURY T G, RATNESHWAR S, MOHANTY P. The time–harried shopper: Exploring the differences between maximizers and satisficers [J]. Marketing Letters, 2009, 20 (2): 155–167.

[49] CLARK J M, PAIVIO A. Dual coding theory and education [J]. Educational Psychology Review, 1991, 3 (3): 149–170.

[50] COUNTRYMAN C C, JANG S. The effects of atmospheric elements on customer impression: The case of hotel lobbies [J]. International Journal of Contemporary Hospitality Management, 2006, 18 (7): 534–545.

[51] COVA B, SALLE R. Marketing solutions in accordance with the SD logic: Co–creating value with customer network actors [J]. Industrial Marketing Management, 2008, 37 (3): 270–277.

[52] COVA B, DALLI D, ZWICK D. Critical perspectives on consumers' role as "producers": Broadening the debate on value co–creation in marketing processes [J]. Marketing Theory, 2011, 11 (3): 231–241.

[53] COWELL D. The Marketing of Services [M]. England: Butterworth–Heinemann, Oxford, 1984.

[54] COX J, DALE B G. Service quality and e-commerce: An exploratory analysis [J]. Managing Service Quality: An International Journal, 2001, 11 (7): 121–131.

[55] CRAIK K H. The comprehension of the everyday physical environment [J]. Journal of the American Institute of Planners, 1968, 34 (1): 29–37.

[56] D'ASTOUS A. Irritating aspects of the shopping environment [J]. Journal of Business Research, 2000, 49 (2): 149–156.

[57] DE FREITAS COELHO M, DE SEVILHA GOSLING M, DE ALMEIDA A S

A.Tourism experiences: Core processes of memorable trips [J]. Journal of Hospitality and Tourism Management, 2018 (37): 11-22.

[58] DABHOLKAR P A. How to improve perceived service quality by increasing customer participation [C] // In Proceedings of the 1990 academy of marketing science (AMS) annual conference, Springer, Cham, 2015: 483-487.

[59] DARDEN W R, BABIN B J. Exploring the concept of affective quality: Expanding the concept of retail personality [J]. Journal of Business Research, 1994, 29 (2): 101-109.

[60] DARKE P R, BRADY M K, BENEDICKTUS R L, et al.Feeling close from afar: The role of psychological distance in offsetting distrust in unfamiliar online retailers [J]. Journal of Retailing, 2016, 92 (3): 287-299.

[61] DERLEGA V J, METTS S, PETRONIO S, et al. Self-disclosure [M]. London: Sage Publications, Inc., 1993.

[62] DERLEGA V J, WINSTEAD B A, GREENE K.Self-disclosure and starting a close relationship [M]. In Sprecher S, Wenzel A, Harvey J, eds. Handbook of relationship initiation, New York, NY: Psychology Press, 2008: 153-174.

[63] DONOVAN R J, ROSSITER J R, MARCOOLYN G, et al.Store atmosphere and purchasing behavior [J]. Journal of Retailing, 1994, 70 (3): 283-294.

[64] DOUGLAS A, MUIR L, MEEHAN K.E-quality in the e-services provision of legal practices [J]. Managing Service Quality, 2003, 13 (6): 483-491.

[65] DREDGE D, GYIMÓTHY S.The collaborative economy and tourism: Critical perspectives, questionable claims and silenced voices [J]. Tourism Recreation Research, 2015, 40 (3): 286-302.

[66] DUBÉ L, CHEBAT J C, MORIN S. The effects of background music on consumers' desire to affiliate in buyer-seller interactions [J]. Psychology &

Marketing, 1995, 12 (4): 305-319.

[67] EIGLIER P, LANGEARD E. Services as systems: Marketing implications [C] // In Eiglier P, Langeard E, Lovelock C H, Bateson J E G, Young R F, eds. Marketing consumer services: New insights, Cambridge, MA: Marketing Science Institute, 1977: 83-103.

[68] ELLIOT S, FOWELL S.Expectations versus reality: A snapshot of consumer experiences with Internet retailing [J]. International Journal of Information Management, 2000, 20 (5): 323-336.

[69] ENGELL A D, HAXBY J V, TODOROV A. Implicit trustworthiness decisions: Automatic coding of face properties in the human amygdala [J]. Journal of Cognitive Neuroscience, 2007, 19 (9): 1508-1519.

[70] ERT E, FLEISCHER A.The evolution of trust in Airbnb: A case of home rental [J]. Annals of Tourism Research, 2019 (75): 279-287.

[71] ERT E, FLEISCHER A, MAGEN N. Trust and reputation in the sharing economy: The role of personal photos in Airbnb [J]. Tourism Management, 2016 (55): 62-73.

[72] FAGERSTRØM A, PAWAR S, SIGURDSSON V, et al.That personal profile image might jeopardize your rental opportunity! On the relative impact of the seller's facial expressions upon buying behavior on Airbnb™ [J]. Computers in Human Behavior, 2017 (72): 123-131.

[73] FAKHARYAN M, OMIDVAR S, KHODADADIAN M R, et al. Examining the Effect of Customer-to-Customer Interactions on Satisfaction, Loyalty, and Word-of-Mouth Behaviors in the Hospitality Industry: The Mediating Role of Personal Interaction Quality and Service Atmospherics [J]. Journal of Travel & Tourism Marketing, 2014, 31 (5): 610-626.

[74] FAN D X, BUHALIS D, LIN B.A tourist typology of online and face-to-face social contact: Destination immersion and tourism encapsulation/decapsulation [J]. Annals of Tourism Research, 2019 (78): 102757.

[75] FAN D X, ZHANG H Q, JENKINS C L, et al.Tourist typology in social contact: An addition to existing theories [J]. Tourism Management, 2017 (60): 357-366.

[76] FANG E, PALMATIER R W, EVANS K R. Influence of customer participation on creating and sharing of new product value [J]. Journal of the Academy of Marketing Science, 2008, 36 (3): 322-336.

[77] FANG S, ZHANG C, LI Y.Physical attractiveness of service employees and customer engagement in tourism industry [J]. Annals of Tourism Research, 2020 (80): 102756.

[78] FEATHERMAN M S, WELLS J D.The intangibility of e-services: Effects on perceived risk and acceptance [C] // ACM SIGMIS Database: The DATABASE for Advances in Information Systems, 2010, 41 (2): 110-131.

[79] FEINBERG R A, SHEFFLER B, MEOLI J, et al.There's something social happening at the mall [J]. Journal of Business and Psychology, 1989, 4 (1): 49-63.

[80] FESTILA M, MÜLLER S.The impact of technology-mediated consumption on identity: The case of Airbnb [C] // In Proceedings of the 50th Hawaii International Conference on System Sciences, 2017.

[81] FISHER J D, BYRNE D.Too close for comfort: Sex differences in response to invasions of personal space [J]. Journal of Personality and Social Psychology, 1975, 32 (1): 15.

[82] FLEMING J H, COFFMAN C, HARTER J K. Manage your human sigma [J]. Harvard Business Review, 2005, 83 (7): 106-114.

[83] FLOH A, MADLBERGER M.The role of atmospheric cues in online impulse-buying behavior [J]. Electronic Commerce Research and Applications, 2013, 12 (6): 425-439.

[84] FINN A.A theory of the consumer evaluation process for new product concepts [J]. Research in Consumer Behavior, 1985 (1): 35-65.

[85] FINSTERWALDER J, KUPPELWIESER V G. Co-creation by engaging beyond oneself: The influence of task contribution on perceived customer-to-customer social interaction during a group service encounter [J]. Journal of Strategic Marketing, 2011, 19 (7): 607-618.

[86] FONT A R.Mass tourism and the demand for protected natural areas: A travel cost approach [J]. Journal of Environmental Economics and Management, 2000, 39 (1): 97-116.

[87] FOWLER K, BRIDGES E. Service environment, provider mood, and provider-customer interaction [J]. Managing Service Quality, 2012 (22): 165-183.

[88] FOXALL G R, GREENLEY G E.Consumers' emotional responses to service environments [J]. Journal of Business Research, 1999, 46 (2): 149-158.

[89] FRADKIN A, GREWAL E, HOLTZ D.The determinants of online review informativeness: Evidence from field experiments on Airbnb [J]. SSRN Electronic Journal, 2018 (41): 1-12.

[90] GANNON V, PROTHERO A. Beauty blogger selfies as authenticating practices [J]. European Journal of Marketing, 2016, 50 (9/10): 1858-1878.

[91] GERWE O, SILVA R, CASTRO J D. Entry of providers onto a sharing economy platform: Macro-level factors and social interaction [J]. Entrepreneurship Theory and Practice, 2020, 44 (2): 334-357.

[92] GIBBS C, GUTTENTAG D, GRETZEL U, et al. Pricing in the sharing economy: A hedonic pricing model applied to Airbnb listings [J]. Journal of Travel & Tourism Marketing, 2018, 35 (1): 46-56.

[93] GORDON H G, DOUGLAS W S.The Intangibility of Services: Measurement and Competitive Perspectives [J]. Journal of Services Marketing, 1990, 4 (4): 35-47.

[94] GRAHAM L T, GOSLING S D, TRAVIS C K. The psychology of home

environments: A call for research on residential space [J]. Perspectives on Psychological Science, 2015, 10 (3): 346-356.

[95] GUNASEKARAN N, ANANDKUMAR V. Factors of influence in choosing alternative accommodation: A study with reference to Pondicherry, a coastal heritage town [C] // In Procedia-Social and Behavioral Sciences, 2012 (62): 1127-1132.

[96] GUTIÉRREZ J, GARCÍA-PALOMARES J C, ROMANILLOS G, et al.The eruption of Airbnb in tourist cities: Comparing spatial patterns of hotels and peer-to-peer accommodation in Barcelona [J]. Tourism Management, 2017 (62): 278-291.

[97] GUTTENTAG D. Airbnb: Disruptive innovation and the rise of an informal tourism accommodation sector [J]. Current Issues in Tourism, 2015, 18 (12): 1192-1217.

[98] GUTTENTAG D A, SMITH S L.Assessing Airbnb as a disruptive innovation relative to hotels: Substitution and comparative performance expectations [J]. International Journal of Hospitality Management, 2017 (64): 1-10.

[99] HAJLI N, SIMS J.Social commerce: The transfer of power from sellers to buyers [J]. Technological Forecasting and Social Change, 2015 (94): 350-358.

[100] HAN H, SHIN S, CHUNG N, et al.Which appeals (ethos, pathos, logos) are the most important for Airbnb users to booking? [J]. International Journal of Contemporary Hospitality Management, 2019, 31 (3): 1205-1223.

[101] HAHN S E, SPARKS B, WILKINS H, et al.E-service quality management of a hotel website: A scale and implications for management [J]. Journal of Hospitality Marketing & Management, 2017, 26 (7): 694-716.

[102] HANKS L, LINE N D. The restaurant social servicescape: Establishing a nomological framework [J]. International Journal of Hospitality Management,

2018（74）：13-21.

[103] HOU Y，ZHANG K，LI G. Service robots or human staff：How social crowding shapes tourist preferences［J］. Tourism Management，2021（83）：104242.

[104] HUANG H Y. Examining the beneficial effects of individual's self-disclosure on the social network site［J］. Computers in Human Behavior，2016（57）：122-132.

[105] HUANG J，HSU C H. The impact of customer-to-customer interaction on cruise experience and vacation satisfaction［J］. Journal of Travel Research，2010，49（1）：79-92.

[106] HUI M K，BATESON J E. Perceived control and the effects of crowding and consumer choice on the service experience［J］. Journal of Consumer Research，1991，18（2）：174-184.

[107] HUL M K，DUBE L，CHEBAT J C. The impact of music on consumers' reactions to waiting for services［J］. Journal of Retailing，1997，73（1）：87-104.

[108] HÜTTL A，ZIESEMER F，PEYER M，et al. To purchase or not? Why consumers make economically（non-）sustainable consumption choices［J］. Journal of Cleaner Production，2018（174）：827-836.

[109] IIMEDIA. 2019Q3 China Online Hotel Booking Industry Monitoring Report［EB/OL］.［2024-08-26］. https：//www.iimedia.cn/c400/67027.html.

[110] INSIDE AIRBNB. InsideAirbnb Data［EB/OL］.［2024-08-26］. http：//insideairbnb.com/.

[111] ISRAEL T. Some place like home：Using design psychology to create ideal places［M］. UK：Academy Editions Ltd，2003.

[112] JACOBY J. Stimulus-organism-response reconsidered：An evolutionary step in modeling（consumer）behavior［J］. Journal of Consumer Psychology，2002，12（1）：51-57.

[113] JAEGER B, SLEEGERS W W, EVANS A M, et al. The effects of facial attractiveness and trustworthiness in online peer-to-peer markets [J]. Journal of Economic Psychology, 2019 (75): 102125.

[114] JAMALI M, KHAN R. The impact of consumer interaction on social media on brand awareness and purchase intention! Case study of Samsung [J]. Journal of Marketing and Logistics, 2018 (114): 114-129.

[115] JANI D, HAN H. Influence of environmental stimuli on hotel customer emotional loyalty response: Testing the moderating effect of the big five personality factors [J]. International Journal of Hospitality Management, 2015 (44): 48-57.

[116] JOINSON A N, PAINE C B. Self-disclosure, privacy and the Internet [M]. Oxford: The Oxford Handbook of Internet Psychology, 2007: 237-252.

[117] JOURARD S M, JAFFE P E. Influence of an interviewer's disclosure on the self-disclosing behavior of interviewees [J]. Journal of Counseling Psychology, 1970, 17 (3): 252.

[118] KARIMI S, PAPAMICHAIL K N, HOLLAND C P. The effect of prior knowledge and decision-making style on the online purchase decision-making process: A typology of consumer shopping behaviour [J]. Decision Support Systems, 2015 (77): 137-147.

[119] KARLSSON L, KEMPERMAN A, DOLNICAR S. May I sleep in your bed? Getting permission to book [J]. Annals of Tourism Research, 2017 (62): 1-12.

[120] KELLOGG D L, YOUNGDAHL W E, BOWEN D E. On the relationship between customer participation and satisfaction: Two frameworks [J]. International Journal of Service Industry Management, 1997, (3): 206-219.

[121] KENG C J, HUANG T L, ZHENG L J, et al. Modeling service encounters and customer experiential value in retailing: An empirical investigation of shopping mall customers in Taiwan [J]. International Journal of Service

Industry Management, 2007, 8 (4): 349-367.

[122] KENNEDY J. Conceptual boundaries of sharing [J]. Information, Communication & Society, 2016, 19 (4): 461-474.

[123] KIM D J, FERRIN D L, RAO H R.A trust-based consumer decision-making model in electronic commerce: The role of trust, perceived risk, and their antecedents [J]. Decision Support Systems, 2008, 44 (2): 544-564.

[124] KIM H S, CHOI B. The effects of three customer-to-customer interaction quality types on customer experience quality and citizenship behavior in mass service settings [J]. Journal of Services Marketing, 2016, 30 (4): 384-397.

[125] KIM H, CHOI B.The influence of customer experience quality on customers' behavioral intentions [J]. Services Marketing Quarterly, 2013, 34 (4): 322-338.

[126] KIM J, LENNON S J. Effects of reputation and website quality on online consumers' emotion, perceived risk and purchase intention: Based on the stimulus-organism-response model [J]. Journal of Research in Interactive Marketing, 2013, 7 (1): 33-56.

[127] KIM M, LENNON S J.Television shopping for apparel in the United States: Effects of perceived amount of information on perceived risks and purchase intentions [J]. Family and Consumer Sciences Research Journal, 2000, 28 (3): 301-331.

[128] KNUTSON B J. Frequent travelers: Making them happy and bringing them back [J]. Cornell Hotel and Restaurant Administration Quarterly, 1988, 29 (1): 82-87.

[129] KOLESAR M B, GALBRAITH R W. A services-marketing perspective on e-retailing: Implications for e-retailers and directions for further research [J]. Internet Research, 2000, 10 (5): 424-438.

[130] KOTLER P. Atmospherics as a marketing tool [J]. Journal of Retailing, 1973, 49 (4): 48-64.

[131] GILLENSON M L, SHERRELL D L.Enticing online consumers: An extended technology acceptance perspective [J]. Information & Management, 2002, 39 (8): 705-719.

[132] LAMPINEN A, CHESHIRE C.Hosting via Airbnb: Motivations and financial assurances in monetized network hospitality [C] // In Proceedings of the 2016 CHI Conference on Human Factors in Computing Systems, 2016: 1669-1680.

[133] LAROCHE M, BERGERON J, GOUTALAND C.A three-dimensional scale of intangibility [J]. Journal of Service Research, 2001, 4 (1): 26-38.

[134] LAROCHE M, BERGERON J, GOUTALAND C. How intangibility affects perceived risk: The moderating role of knowledge and involvement [J]. Journal of Services Marketing, 2003, 17 (2): 122-140.

[135] LAROCHE M, YANG Z, MCDOUGALL G H, et al.Internet versus bricks-and-mortar retailers: An investigation into intangibility and its consequences [J]. Journal of Retailing, 2005, 81 (4): 251-267.

[136] LAROCHE M, MCDOUGALL G H, BERGERON J, et al. Exploring how intangibility affects perceived risk [J]. Journal of Service Research, 2004, 6 (4): 373-389.

[137] LAURENCEAU J P, BARRETT L F, PIETROMONACO P R.Intimacy as an interpersonal process: The importance of self-disclosure, partner disclosure, and perceived partner responsiveness in interpersonal exchanges [J]. Journal of Personality and Social Psychology, 1998, 74 (5): 1238.

[138] LEE A H, DENIZCI GUILLET B, LAW R.Tourists' emotional wellness and hotel room colour [J]. Current Issues in Tourism, 2018, 21 (8): 856-862.

[139] LEHTINEN U, LEHTINEN J R.Two approaches to service quality dimensions [J]. Service Industries Journal, 1991, 11 (3): 287-303.

[140] LEMKE F, CLARK M, WILSON H. Customer experience quality: An

exploration in business and consumer contexts using repertory grid technique [J]. Journal of the Academy of Marketing Science, 2011, 39 (6): 846-869.

[141] LEVINSON J C, RUBIN C. Guerrilla Marketing en Internet [M]. USA: Open Project, 2000.

[142] LI J, MORENO A, ZHANG D. Pros vs joes: Agent pricing behavior in the sharing economy [R]. Ann Arbor, MI: University of Michigan, Ross School of Business, 2016.

[143] LIANG S, SCHUCKERT M, LAW R, et al. Be a "Superhost": The importance of badge systems for peer-to-peer rental accommodations [J]. Tourism Management, 2017 (60): 454-465.

[144] LIN I Y, MATTILA A S. Restaurant servicescape, service encounter, and perceived congruency on customers' emotions and satisfaction [J]. Journal of Hospitality Marketing & Management, 2010, 19 (8): 819-841.

[145] LIN P M, FAN D X, ZHANG H Q, et al. Spend less and experience more: Understanding tourists' social contact in the Airbnb context [J]. International Journal of Hospitality Management, 2019 (83): 65-73.

[146] LOVELOCK C H. Services Marketing: People, Technology, Strategy [M]. Upper Saddle River, NJ: Prentice Hall, 2001.

[147] LV X, LIU Y, XU S, et al. Welcoming host, cozy house? The impact of service attitude on sensory experience [J]. International Journal of Hospitality Management, 2021 (95): 102949.

[148] LYU J, LI M, LAW R. Experiencing P2P accommodations: Anecdotes from Chinese customers [J]. International Journal of Hospitality Management, 2019 (77): 323-332.

[149] MACHLEIT K A, EROGLU S A. Describing and measuring emotional response to shopping experience [J]. Journal of Business Research, 2000, 49 (2): 101-111.

[150] MACLNNIS D J, PRICE L L.The role of imagery in information processing: Review and extensions [J]. Journal of Consumer Research, 1987, 13 (4): 473-491.

[151] MADU C N, MADU A A.Dimensions of e-quality [J]. International Journal of Quality & Reliability Management, 2002, 19 (3): 246-258.

[152] MAHADEVAN R. Examination of motivations and attitudes of peer-to-peer users in the accommodation sharing economy [J]. Journal of Hospitality Marketing & Management, 2018, 27 (6): 679-692.

[153] MANNING C D, RAGHAVAN P, SCHUTZE H S.Term Weighting and the Vector Space Model in Introduction to Information Retrieval [M]. UK: Cambridge University Press, 2008, 109-133.

[154] MARQUES L, GONDIM MATOS B. Network relationality in the tourism experience: Staging sociality in homestays [J]. Current Issues in Tourism, 2020, 23 (9): 1153-1165.

[155] MARTIN C L, PRANTER C A. Compatibility management: Customer-to-customer relationships in service environments [J]. Journal of Services Marketing, 1989, 3 (3): 5-15.

[156] MARWICK A E. Instafame: Luxury selfies in the attention economy [J]. Public Culture, 2015, 27 (1 (75)): 137-160.

[157] MARWICK A, BOYD D.To see and be seen: Celebrity practice on Twitter [J]. Convergence, 2011, 17 (2): 139-158.

[158] MATTILA A S, WIRTZ J.Congruency of scent and music as a driver of in-store evaluations and behavior [J]. Journal of Retailing, 2001, 77 (2): 273-289.

[159] MCDOUGALL G H.Determinants of ease of evaluation: Products and services compared [C] // Canadian Journal of Administrative Sciences/Revue Canadienne des Sciences de l'Administration, 1987, 4 (4): 426-446.

[160] MCDOUGALL G H, SNETSINGER D W. The intangibility of services:

Measurement and competitive perspectives [J]. Journal of Services Marketing, 1990, 4 (4): 27-40.

[161] MCKNIGHT D H, CHOUDHURY V, KACMAR C.Developing and validating trust measures for e-commerce: An integrative typology [J]. Information Systems Research, 2002, 13 (3): 334-359.

[162] MCKNIGHT D H, CHOUDHURY V, KACMAR C. The impact of initial consumer trust on intentions to transact with a web site: A trust building model [J]. Journal of Strategic Information Systems, 2002, 11 (3-4): 297-323.

[163] MEHRABIAN A, RUSSELL J A. An approach to environmental psychology [M]. Cambridge, MA: The MIT Press, 1974.

[164] MENG B, CHOI K.Theme restaurants' servicescape in developing quality of life: The moderating effect of perceived authenticity [J]. International Journal of Hospitality Management, 2017 (65): 89-99.

[165] MEUTER M L, OSTROM A L, BITNER M J, et al. The influence of technology anxiety on consumer use and experiences with self-service technologies [J]. Journal of Business Research, 2003, 56 (11): 899-906.

[166] MITTENDORF C, OSTERMANN U. Private vs. business customers in the sharing economy-the implications of trust, perceived risk, and social motives on Airbnb [C] // In Proceedings of the 50th Hawaii International Conference on System Sciences, 2017.

[167] MOON H, MIAO L, HANKS L, et al. Peer-to-peer interactions: Perspectives of Airbnb guests and hosts [J]. International Journal of Hospitality Management, 2019 (77): 405-414.

[168] MOORE R, MOORE M L, CAPELLA M.The impact of customer-to-customer interactions in a high personal contact service setting [J]. Journal of Services Marketing, 2005, 19 (7): 482-491.

[169] MOURA E SÁ P, AMORIM M. A typology of customer-to-customer

interaction and its implications for excellence in service provision [J]. Total Quality Management & Business Excellence, 2017, 28 (9-10): 1183-1193.

[170] MURRAY K B, SCHLACTER J L. The impact of services versus goods on consumers' assessment of perceived risk and variability [J]. Journal of the Academy of Marketing Science, 1990, 18 (1): 51-65.

[171] NEPOMUCENO M V, LAROCHE M, RICHARD M O. How to reduce perceived risk when buying online: The interactions between intangibility, product knowledge, brand familiarity, privacy and security concerns [J]. Journal of Retailing and Consumer Services, 2014, 21 (4): 619-629.

[172] NEPOMUCENO M V, LAROCHE M, RICHARD M O, et al. Relationship between intangibility and perceived risk: Moderating effect of privacy, system security and general security concerns [J]. Journal of Consumer Marketing, 2012 (29): 176-189.

[173] NGUYEN T H H, CHEUNG C. Toward an understanding of tourists' authentic heritage experiences: Evidence from Hong Kong [J]. Journal of Travel & Tourism Marketing, 2016, 33 (7): 999-1010.

[174] NICHOLLS R. New directions for customer-to-customer interaction research [J]. Journal of Services Marketing, 2010, 24 (1): 87-97.

[175] NIETO GARCÍA M, MUÑOZ-GALLEGO P A, VIGLIA G, et al. Be social! The impact of self-presentation on peer-to-peer accommodation revenue [J]. Journal of Travel Research, 2020, 59 (7): 1268-1281.

[176] NORRIS S. Secrets of colour healing [M]. Brighton, UK Ivy Press, 2018.

[177] NOWAK B, ALLEN T, ROLLO J, et al. Young E. Global insight: Who will Airbnb hurt more-hotels or OTAs [R]. New York, NY: Morgan Stanley Research, 2015: 232-244.

[178] O'NEILL M, WRIGHT C, FITZ F. Quality evaluation in on-line service environments: An application of the importance-performance measurement

technique [J]. Managing Service Quality: An International Journal, 2001, 11 (6): 402-417.

[179] OSKAM J, BOSWIJK A. Airbnb: The future of networked hospitality businesses [J]. Journal of Tourism Futures, 2016, 2 (1): 22-42.

[180] OZKUL E, BOZ H, BILGILI B, et al.What colour and light do in service atmospherics: A neuro-marketing perspective [C] // In Atmospheric Turn in Culture and Tourism: Place, Design and Process Impacts on Customer Behaviour, Marketing and Branding.Emerald Publishing Limited, 2019.

[181] PARK J, LENNON S J, STOEL L.On-line product presentation: Effects on mood, perceived risk, and purchase intention [J]. Psychology & Marketing, 2005, 22 (9): 695-719.

[182] PARK S, TUSSYADIAH I P. How guests develop trust in hosts: An investigation of trust formation in P2P accommodation [J]. Journal of Travel Research, 2020, 59 (8): 1402-1412.

[183] PAVLOU P A.Consumer acceptance of electronic commerce: Integrating trust and risk with the technology acceptance model [J]. International Journal of Electronic Commerce, 2003, 7 (3): 101-134.

[184] PHUA V C.Perceiving Airbnb as sharing economy: The issue of trust in using Airbnb [J]. Current Issues in Tourism, 2019, 22 (17): 2051-2055.

[185] PIZAM A.Peer-to-peer travel: Blessing or blight? [J]. International Journal of Hospitality Management, 2014, 38 (1): 118-119.

[186] POON K Y, HUANG W J. Past experience, traveler personality and tripographics on intention to use Airbnb [J]. International Journal of Contemporary Hospitality Management, 2017, 29 (9): 2425-2443.

[187] PREACHER K J, HAYES A F. Asymptotic and resampling strategies for assessing and comparing indirect effects in multiple mediator models [J]. Behavior Research Methods, 2008, 40 (3): 879-891.

[188] QUINBY D, GASDIA M.Share this! Private accommodation & the rise of the

new gen renter [R]. Snerman, CT: Phocuswright, 2014.

[189] RAHMATABADI S, TEIMOURI S, AZAR F N. Psychology of colors and architectural façade and interior color selection [J]. Australian Journal of Basic and Applied Sciences, 2011, 5 (12): 215-219.

[190] RANAWEERA C, MCDOUGALL G, BANSAL H. A model of online customer behavior during the initial transaction: Moderating effects of customer characteristics [J]. Marketing Theory, 2005, 5 (1): 51-74.

[191] RASIDI M H, JAMIRSAH N, SAID I.Urban green space design affects urban residents' social interaction [C] // In Procedia-Social and Behavioral Sciences, 2012 (68): 464-480.

[192] RASIDI M H, JAMIRSAH N, SAID I. Development of urban green space affects neighbourhood community social interaction [J]. Asian Journal of Environment-Behaviour Studies, 2018, 3 (8): 79-88.

[193] REICHHELD F F, SCHEFTER P.E-loyalty: Your secret weapon on the web [J]. Harvard Business Review, 2000, 78 (4): 105-113.

[194] REIS H T, PATRICK B C. Attachment and intimacy: Component processes [M] .New York: Guilford Press, 1996.

[195] RICHINS M L. Materialism, transformation expectations, and spending: Implications for credit use [J]. Journal of Public Policy & Marketing, 2011, 30 (2): 141-156.

[196] RILLING J K, KING-CASAS B, SANFEY A G. The neurobiology of social decision-making [J]. Current Opinion in Neurobiology, 2008, 18 (2): 159-165.

[197] ROBERT D, JOHN R. Store atmosphere: An environmental psychology approach [J]. Journal of Retailing, 1982, 58 (1): 34-57.

[198] ROSENBAUM M S, MASSIAH C. An expanded servicescape perspective [J]. Journal of Service Management, 2011, 22 (4): 471-490.

[199] RULE N O, AMBADY N, ADAMS JR R B, et al. Polling the face:

Prediction and consensus across cultures [J]. Journal of Personality and Social Psychology, 2010, 98 (1): 1-15.

[200] RUSSELL J A. Core affect and the psychological construction of emotion [J]. Psychological Review, 2003, 110 (1): 145.

[201] RUSSELL J A, SNODGRASS J. Emotion and the environment [M]. New York: John Wiley and Sons, 1991.

[202] RUST R T, LEMON K N. E-service and the consumer [J]. International Journal of Electronic Commerce, 2001, 5 (3): 85-101.

[203] RUTKOWSKI T M, KAKUSHO K, KRYSSANOV V, et al. Evaluation of the communication atmosphere [C] // In International Conference on Knowledge-Based and Intelligent Information & Engineering Systems. Springer, 2004.

[204] SAINAGHI R, ABRATE G, MAURI A. Price and RevPAR determinants of Airbnb listings: Convergent and divergent evidence [J]. International Journal of Hospitality Management, 2021 (92): 102709.

[205] SANFEY A G. Social decision-making: Insights from game theory and neuroscience [J]. Science, 2007, 318 (5850): 598-602.

[206] SCHIFFMAN L G, KANUK L L. Consumer Behavior [M]. Upper Saddle River, NJ: Prentice Hall, 2000.

[207] SCHMIDT K L, COHN J F. Human facial expressions as adaptations: Evolutionary questions in facial expression research [J]. American Journal of Physical Anthropology, 2001, 116 (S33): 3-24.

[208] SCOTT S G, BRUCE R A. Decision-making style: The development and assessment of a new measure [J]. Educational and Psychological Measurement, 1995, 55 (5): 818-831.

[209] SHERMAN E, MATHUR A, SMITH R B. Store environment and consumer purchase behavior: Mediating role of consumer emotions [J]. Psychology & Marketing, 1997, 14 (4): 361-378.

[210] SHOSTACK G L. Breaking free from product marketing [J]. Journal of

Marketing, 1977, 41 (2): 73-80.

[211] SHUQAIR S, PINTO D C, MATTILA A S. Benefits of authenticity: Post-failure loyalty in the sharing economy [J]. Annals of Tourism Research, 2019 (78): 102741.

[212] SIMON H A. The New Science of Management Decision [M]. New York: Harper, 1960.

[213] SMITH A K, BOLTON R N, WAGNER J. A model of customer satisfaction with service encounters involving failure and recovery [J]. Journal of Marketing Research, 1999, 36 (3): 356-372.

[214] SÖDERLUND M. Employee norm-violations in the service encounter during the corona pandemic and their impact on customer satisfaction [J]. Journal of Retailing and Consumer Services, 2020 (57): 102209.

[215] SPEIER C. The influence of information presentation formats on complex task decision-making performance [J]. International Journal of Human-Computer Studies, 2006, 64 (11): 1115-1131.

[216] SPRENG R A, PAGE JR T J. The impact of confidence in expectations on consumer satisfaction [J]. Psychology & Marketing, 2001, 18 (11): 1187-1204.

[217] SRINIVASAN S S, ANDERSON R, PONNAVOLU K. Customer loyalty in e-commerce: An exploration of its antecedents and consequences [J]. Journal of Retailing, 2002, 78 (1): 41-50.

[218] SRIVASTAVA M, KAUL D. Social interaction, convenience and customer satisfaction: The mediating effect of customer experience [J]. Journal of Retailing and Consumer Services, 2014, 21 (6): 1028-1037.

[219] STAFFORD M R. Tangibility in services advertising: An investigation of verbal versus visual cues [J]. Journal of Advertising, 1996, 25 (3): 13-28.

[220] SUESS C, KANG S, DOGRU T, et al. Understanding the influence of

"feeling at home" on healthcare travelers' well-being: A comparison of Airbnb and hotel homescapes [J]. Journal of Travel & Tourism Marketing, 2020, 37 (4): 479-494.

[221] SU N, MATTILA A S.Does gender bias exist? The impact of gender congruity on consumer's Airbnb booking intention and the mediating role of trust [J]. International Journal of Hospitality Management, 2020 (89): 102405.

[222] SUN J, CHEN P J, REN L, et al. Place attachment to pseudo establishments: An application of the stimulus-organism-response paradigm to themed hotels [J]. Journal of Business Research, 2021 (129): 484-494.

[223] SUN T.The roles of trust and experience in consumer confidence in conducting e-commerce: A cross-cultural comparison between France and Germany [J]. International Journal of Consumer Studies, 2011, 35 (3): 330-337.

[224] SUNITIYOSO Y, AVINERI E, CHATTERJEE K. The effect of social interactions on travel behaviour: An exploratory study using a laboratory experiment [J]. Transportation Research Part A: Policy and Practice, 2011, 45 (4): 332-344.

[225] SWINYARD W R. The effects of mood, involvement, and quality of store experience on shopping intentions [J]. Journal of Consumer Research, 1993, 20 (2): 271-280.

[226] TANKOVIC A C, BENAZIC D. The perception of e-servicescape and its influence on perceived e-shopping value and customer loyalty [J]. Online Information Review, 2018, 42 (7): 1124-1145.

[227] THE ECONOMIST. The Rise of the Sharing Economy [EB/OL]. (2013) [2024-08-27]. https://www.economist.com/news/leaders/21573104-internet-everything-hire-rise-sharing-economy.

[228] THEN N K, DELONG M R.Apparel shopping on the web [J]. Journal of Family and Consumer Sciences, 1999, 91 (3): 65.

[229] TIDWELL L C, WALTHER J B. Computer-mediated communication effects on disclosure, impressions, and interpersonal evaluations: Getting to know one another a bit at a time [J]. Human Communication Research, 2002, 28 (3): 317-348.

[230] TING D. Airbnb repositions around 'live there,' moves beyond stays to experiences [EB/OL]. (2016-04-19) [2024-08-27]. https://skift.com/2016/04/19/airbnb-repositions-around-live-there-moves-beyond-stays-to-experiences/.

[231] TRAN T T H, ROBINSON K, PAPAROIDAMIS N G. Sharing with perfect strangers: The effects of self-disclosure on consumers' trust, risk perception, and behavioral intention in the sharing economy [J]. Journal of Business Research, 2022 (144): 1-16.

[232] TRIVETT V, STAFF S. What the sharing economy means to the future of travel [R]. New York, NY: Skift, 2013.

[233] TROCCHIA P J, JANDA S. How do consumers evaluate Internet retail service quality? [J]. Journal of Services Marketing, 2003, 17 (3): 245-253.

[234] TURLEY L W, MILLIMAN R E. Atmospheric effects on shopping behavior: A review of the experimental evidence [J]. Journal of Business Research, 2000, 49 (2): 193-211.

[235] Tussyadiah I P. An exploratory study on drivers and deterrents of collaborative consumption in travel [C] // Information and communication technologies in tourism 2015. Springer, Cham, 2015: 817-830.

[236] TUSSYADIAH I P. Factors of satisfaction and intention to use peer-to-peer accommodation [J]. International Journal of Hospitality Management, 2016 (55): 70-80.

[237] TUSSYADIAH I P, PARK S. When guests trust hosts for their words: Host description and trust in sharing economy [J]. Tourism Management, 2018 (67): 261-272.

[238] TUSSYADIAH I P, PESONEN J.Impacts of peer-to-peer accommodation use on travel patterns [J]. Journal of Travel Research, 2016, 55 (8): 1022-1040.

[239] TUSSYADIAH I P, PESONEN J. Drivers and barriers of peer-to-peer accommodation stay-an exploratory study with American and Finnish travellers [J]. Current Issues in Tourism, 2018, 21 (6): 703-720.

[240] TUSSYADIAH I P, ZACH F. Identifying salient attributes of peer-to-peer accommodation experience [J]. Journal of Travel & Tourism Marketing, 2017, 34 (5): 636-652.

[241] UTZ S. The function of self-disclosure on social network sites: Not only intimate, but also positive and entertaining self-disclosures increase the feeling of connection [J]. Computers in Human Behavior, 2015 (45): 1-10.

[242] VAN DEN BERG P, ARENTZE T, TIMMERMANS H.Location-type choice for face-to-face social activities and its effect on travel behavior [J]. Environment and Planning B: Planning and Design, 2010, 37 (6): 1057-1075.

[243] VAN HOOF J H S M, KORT H S M, DUIJNSTEE M S H, et al.The indoor environment and the integrated design of homes for older people with dementia [J]. Building and Environment, 2010, 45 (5): 1244-1261.

[244] VAN ROMPAY T J, GALETZKA M, PRUYN A T, et al.Human and spatial dimensions of retail density: Revisiting the role of perceived control [J]. Psychology & Marketing, 2008, 25 (4): 319-335.

[245] VAN ROMPAY T J, TANJA-DIJKSTRA K, VERHOEVEN J W, et al.On store design and consumer motivation: Spatial control and arousal in the retail context [J]. Environment and Behavior, 2012, 44 (6): 800-820.

[246] VARMA A, JUKIC N, PESTEK A, et al. Airbnb: Exciting innovation or passing fad? [J]. Tourism Management Perspectives, 2016 (20):

228-237.

[247] VERHAGEN T, VONKEMAN C, VAN DOLEN W. Making online products more tangible: The effect of product presentation formats on product evaluations [J]. Cyberpsychology, Behavior, and Social Networking, 2016, 19 (7): 460-464.

[248] VIEIRA V A. Stimuli-organism-response framework: A meta-analytic review in the store environment [J]. Journal of Business Research, 2013, 66 (9): 1420-1426.

[249] VOSS C. Developing an eService strategy [J]. Business Strategy Review, 2000, 11 (1): 21-34.

[250] WALLS A R. A cross-sectional examination of hotel consumer experience and relative effects on consumer values [J]. International Journal of Hospitality Management, 2013 (32): 179-192.

[251] WALLS A, OKUMUS F, WANG Y, et al. Understanding the consumer experience: An exploratory study of luxury hotels [J]. Journal of Hospitality Marketing & Management, 2011, 20 (2): 166-197.

[252] WANG C Y, MATTILA A S. The impact of servicescape cues on consumer prepurchase authenticity assessment and patronage intentions to ethnic restaurants [J]. Journal of Hospitality & Tourism Research, 2015, 39 (3): 346-372.

[253] WANG D, NICOLAU J L. Price determinants of sharing economy-based accommodation rental: A study of listings from 33 cities on Airbnb.com [J]. International Journal of Hospitality Management, 2017 (62): 120-131.

[254] WARD J C, BARNES J W. Control and affect: The influence of feeling in control of the retail environment on affect, involvement, attitude, and behavior [J]. Journal of Business Research, 2001, 54 (2): 139.

[255] WERNER C M, ALTMAN I, OXLEY D. Temporal aspects of homes [C] // Home environments. Springer, Boston, MA, 1985: 1-32.

[256] WILES A, CRAWFORD A. Network hospitality in the share economy: Understanding guest experiences and the impact of sharing on lodging [J]. International Journal of Contemporary Hospitality Management, 2017, 29 (9): 2444-2463.

[257] WILSON-JEANSELME M, REYNOLDS J.Growth without profit: Explaining the internet transaction profitability paradox [J]. Journal of Retailing and Consumer Services, 2005, 12 (3): 165-177.

[258] WINSTED K F. Evaluating service encounters: A cross-cultural and cross-industry exploration [J]. Journal of Marketing Theory and Practice, 1999, 7 (2): 106-123.

[259] WRIGHT B. Airbnb accommodates broad spectrum of travel spenders [EB/OL]. (2016) [2024-08-27]. www. phocuswright. com/Travel-Research/Research-Updates/2016/Airbnb-Accommodates-Broad-Spectrum-of-Travel-Spenders.

[260] WU C H J. The impact of customer-to-customer interaction and customer homogeneity on customer satisfaction in tourism service - the service encounter prospective [J]. Tourism Management, 2007, 28 (6): 1518-1528.

[261] WU G, HU X, WU Y. Effects of perceived interactivity, perceived web assurance and disposition to trust on initial online trust [J]. Journal of Computer-Mediated Communication, 2010, 16 (1): 1-26.

[262] XIE K L, KWOK L. The effects of Airbnb's price positioning on hotel performance [J]. International Journal of Hospitality Management, 2017 (67): 174-184.

[263] XIE K, MAO Z.The impacts of quality and quantity attributes of Airbnb hosts on listing performance [J]. International Journal of Contemporary Hospitality Management, 2017, 29 (9): 2240-2260.

[264] XU X. How do consumers in the sharing economy value sharing? Evidence

from online reviews [J]. Decision Support Systems, 2020 (128): 113162.

[265] YANG S, SONG Y, CHEN S, et al. Why are customers loyal in sharing-economy services? A relational benefits perspective [J]. Journal of Services Marketing, 2017, 31 (1): 48-62.

[266] YANG X, AHMED Z U, GHINGOLD M, et al. Consumer preferences for commercial web site design: An Asia-Pacific perspective [J]. Journal of Consumer Marketing, 2003, 20 (1): 10-27.

[267] YANG Z, PETERSON R T, CAI S. Service quality dimensions of Internet retailing: An exploratory analysis [J]. Journal of Services Marketing, 2003, 17 (7): 685-700.

[268] YANNOPOULOU N, MOUFAHIM M, BIAN X. User-generated brands and social media: Couchsurfing and Airbnb [J]. Contemporary Management Research, 2013, 9 (1).

[269] YAO B, QIU R T, FAN D X, et al. Standing out from the crowd - an exploration of signal attributes of Airbnb listings [J]. International Journal of Contemporary Hospitality Management, 2019, 31 (2): 4520-4542.

[270] YI B, SHI D, SHI F, et al. Do the flipped impacts of hotels matter to the popularity of Airbnb? [J]. International Journal of Contemporary Hospitality Management, 2021, 33 (6): 2239-2263.

[271] YIN X, WANG H, XIA Q, et al. How social interaction affects purchase intention in social commerce: A cultural perspective [J]. Sustainability, 2019, 11 (8): 2423.

[272] YOO J J, ARNOLD T J, FRANKWICK G L. Effects of positive customer-to-customer service interaction [J]. Journal of Business Research, 2012, 65 (9): 1313-1320.

[273] YOON C, GONZALEZ R, BECHARA A, et al. Decision neuroscience and consumer decision making [J]. Marketing Letters, 2012, 23 (2): 473-485.

[274] YOUNG C A, CORSUN D L, XIE K L.Travelers' preferences for peer-to-peer (P2P) accommodations and hotels [J]. International Journal of Culture, Tourism and Hospitality Research, 2017, 11 (4): 465-482.

[275] JIANG Z, BENBASAT I. Research note—investigating the influence of the functional mechanisms of online product presentations [J]. Information Systems Research, 2007, 18 (4): 454-470.

[276] ZEITHAML V A, PARASURAMAN A, MALHOTRA A. Service quality delivery through web sites: A critical review of extant knowledge [J]. Journal of the Academy of Marketing Science, 2002, 30 (4): 362-375.

[277] ZEBROWITZ L A, VOINESCU L, COLLINS M A. "Wide-Eyed" and "Crooked-Faced": Determinants of perceived and real honesty across the life span [J]. Personality and Social Psychology Bulletin, 1996, 22 (12): 1258-1269.

[278] ZEMKE D M, SHOEMAKER S.Scent across a crowded room: Exploring the effect of ambient scent on social interactions [J]. International Journal of Hospitality Management, 2007, 26 (4): 927-940.

[279] ZEMKE D M, SHOEMAKER S.A sociable atmosphere: Ambient scent's effect on social interaction [J]. Cornell Hospitality Quarterly, 2008, 49 (3): 317-329.

[280] ZERVAS G, PROSERPIO D, BYERS J W.The rise of the sharing economy: Estimating the impact of Airbnb on the hotel industry [J]. Journal of Marketing Research, 2017, 54 (5): 687-705.

[281] ZHANG K, HOU Y, LI G.Threat of infectious disease during an outbreak: Influence on tourists' emotional responses to disadvantaged price inequality [J]. Annals of Tourism Research, 2020 (84): 102993.

[282] ZHANG C, PHANG C W, WU Q, et al. Nonlinear effects of social connections and interactions on individual goal attainment and spending: Evidences from online gaming markets [J]. Journal of Marketing, 2017, 81

(6): 132-155.

[283] ZHAO S, GRASMUCK S, MARTIN J. Identity construction on Facebook: Digital empowerment in anchored relationships [J]. Computers in human behavior, 2008, 24 (5): 1816-1836.

索引